清华大学能源环境经济研究所
INSTITUTE of ENERGY, ENVIRONMENT and ECONOMY
TSINGHUA UNIVERSITY

重大能源行动的降碳减排协同效益分析方法及中国案例研究

METHODOLOGY DEVELOPMENT AND CASE STUDY FOR CHINA OF
GREENHOUSE GAS EMISSIONS AND AIR POLLUTANTS EMISSIONS REDUCTION
CO-BENEFIT ANALYSIS OF MAJOR ENERGY ACTIONS

欧训民 袁杰辉 彭天铎◎著
OUXUNMIN YUANJIEHUI PENGTIANDUO

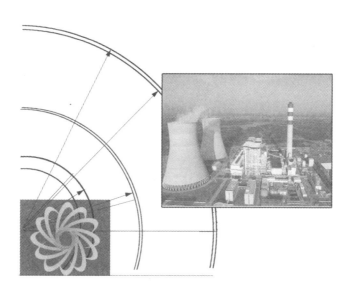

经济管理出版社
ECONOMY & MANAGEMENT PUBLISHING HOUSE

图书在版编目（CIP）数据

重大能源行动的降碳减排协同效益分析方法及中国案例研究/欧训民，袁杰辉，彭天铎著.—北京：经济管理出版社，2018.3

ISBN 978-7-5096-5684-6

Ⅰ.①重…　Ⅱ.①欧…②袁…③彭…　Ⅲ.①节能减排—研究—中国　Ⅳ.①F424.1

中国版本图书馆 CIP 数据核字（2018）第 043047 号

组稿编辑：郭丽娟

责任编辑：范美琴

责任印制：司东翔

责任校对：董杉珊

出版发行：经济管理出版社
　　　　　（北京市海淀区北蜂窝 8 号中雅大厦 A 座 11 层　100038）

网　　　址：www.E-mp.com.cn

电　　话：（010）51915602

印　　刷：三河市延风印装有限公司

经　　销：新华书店

开　　本：720mm×1000mm/16

印　　张：6.5

字　　数：69 千字

版　　次：2018 年 4 月第 1 版　　2018 年 4 月第 1 次印刷

书　　号：ISBN 978-7-5096-5684-6

定　　价：45.00 元

前　言

在现代化进程中，中国将长期面临保障能源安全、减缓气候变化和治理大气污染所带来的挑战。着力于消费结构、利用方式和使用过程的调整和优化的重大能源行动，极可能带来温室气体减排和大气污染物减排的协同效益，但目前采用科学的分析框架、可信的数据基础得出全面系统测算结果的研究成果还比较少。我们努力从国际视野，致力于开发分析框架和评估方法以研究应对气候变化和大气污染的重大能源行动的实际效果，为中国及其他类似国家提供决策参考。

过去几年，我们建立起针对重大能源行动的温室气体减排和大气污染物减排协同效益分析的方法。其中对能源行动的分析视角包括升级、替代和集中化，测算的温室气体主要包括 CO_2，测算的大气污染物包括 SO_2、NO_x 和 $PM_{2.5}$。

本书对中国近年来涵盖煤炭、油品和农村能源的 7 项重大能源行动的上述减排协同效益进行了全面的案例分析，并且对中国发展天然气汽车这一重大能源行动进行了细致的案例分析。

本书研究工作主要由袁杰辉和欧训民合作完成，彭天铎参与了部分数据调研、整理和分析工作。第一、第二和第六章由袁杰辉、欧训民执笔；第三、第四章由欧训民、袁杰辉执笔；第五章由袁杰辉、彭天铎和欧训民执笔；全书由欧训民和袁杰辉负责统稿。清华大学能源环境经济研究所的老师、同学们在本课题研究和本书写作过程中提供了多方面的指导和支持。

本书研究工作得到国家自然科学基金委员会、国家能源局、工信部、科技部和中国国际经济交流中心的大力支持和帮助。经济管理出版社郭丽娟编辑为本书的出版做了大量细致的工作。在此一并表示感谢。

相关研究同时得到了国家自然科学基金项目（71690244、71774095）、教育部人文社会科学重点研究基地重大项目（17JJD630005）和科技部国际科技合作计划项目（2016YFE0102200）的经费支持。

由于笔者水平所限，书中不足之处在所难免，恳请专家和读者给予批评指正。

欧训民　袁杰辉　彭天铎

2018 年 2 月于清华园

摘　要

　　高碳、高污染化石能源的使用造成大量温室气体（GHG）和大气污染物的排放，产生日益严重的气候变化和大气污染（特别是雾霾灾害）问题。气候变化与大气污染同根同源，即都属于能源系统，在应对中应把能源的合理开发利用作为突破点，进行协同治理。本书在归纳分析中国的能源消费、能源相关GHG和主要大气污染物排放特点的基础上，针对性地建立了基于多重维度与多重视角的、可实操的、可测度的分析框架和评估方法，测度中国应对气候变化和大气污染能源行动的减排效果，并提升到国际视角，为那些与中国类似的其他国家进行下一步行动的思路梳理、行动制定与实施提供决策参考。

　　结果显示，针对中国提出的关键能源行动在2016年约减少600万吨主要大气污染物和5.8亿吨GHG的排放。到2020年和2030年，中国这些能源行动将分别贡献总计1200万吨的主要大气污染物、10.9亿吨的GHG以及2100千万吨的主要大气污染物、19.8亿吨GHG的减排。对于加快发展天然气汽车（NGV）的能源行动，到2020年和2030年，中国NGV将分别减排大气污染物约

312 万吨和 560 万吨，减排 GHG 约 2796 万吨和 5049 万吨。

  本书的创新之处主要体现在：①从能源特别是能源结构的视角探讨合适的行动以协同应对气候变化和大气污染；②建立简单、实用的量化评估应对气候变化和大气污染能源行动实施效果的分析思路框架和计算方法；③提升到国际视角，为所有和中国类似的国家提供决策参考。

  关键词：气候变化；大气污染；协同治理；能源行动；中国；效果评价；天然气汽车

Abstract

Due to the large – scale utilization of high – carbon and high – pollution fossil energy, considerable amounts of critical air pollutants (CAPs) and greenhouse gas (GHG) have been emitted, which has led to increasingly serious global climate change and local air pollution problems. Given that climate change and air pollution have the same source, energy systems, the rational development and use of energy for collaborative governance should be emphasized to solve these problems in parallel. Based on a summary of the characteristics of energy consumption, related GHG and CAP emissions in China, this study presents a multi-dimensional, multi – perspective, practical and achievable analysis framework and related evaluation methods to quantitatively evaluate the emission reduction effects of energy actions aimed at tackling climate change and governing air pollution in support of sustainable development. From an international perspective, this study can help countries similar to China make decisions on the thinking combing of next-step actions, the formulation and implementation of actions to address climate change and improve air quality.

The results indicate that the key energy actions proposed for China would result in emission reductions of approximately 6 million tons (Mt) of CAPs and 580 Mt of GHG in 2016. By 2020 and 2030, emission reductions of 12 Mt of CAPs with 1094 Mt of GHG and of 21 Mt of CAPs with 1980 Mt of GHG, respectively, will be achieved. Regarding the energy action of promoting the development of natural gas vehicles (NGVs), by 2020 and 2030, the NGV fleet will increase the CAP and GHG emission reduction benefits by approximately 3.1 Mt of CAPs with 28.0 Mt of GHG and 5.6 Mt of CAPs with 50.5 Mt of GHG, respectively.

The most important innovations of this book are mainly reflected in: ① from an energy perspective, especially an energy structure perspective, to explore appropriate actions for tackling climate change and air pollution; ② establishing a simple and practical analytical framework and related evaluation methods focusing on quantitatively evaluating the emission reduction effect of specific energy actions aimed at tackling climate change and air pollution; ③ from an international perspective to help countries similar to China make decisions on implementing energy actions aimed at tackling climate change and air pollution.

Key Words: Climate Change; Air Pollution; Collaborative Governance; Energy Action; China; Effect Evaluation; NGV

目　录

第一章　绪论

随着全球人口的增长和经济的发展，特别是发展中国家的进步，世界总的能源需求增长显著。1971~2016 年，世界总的能源消费增长十分明显，增幅约为 160%[1,2]。尽管高碳、高污染的煤炭、石油等化石能源所占的份额在逐渐降低，其他相对低碳、低污染的能源的份额显著增加，但是现在的世界一次能源消费结构依然以煤炭、石油等高碳、高污染的化石能源为主，2016 年其占一次能源消费结构比例约为 61.4%[2-4]（见图 1-1）。此外，由于效率的低下，通常伴随着更多的能源资源被消耗或浪费。

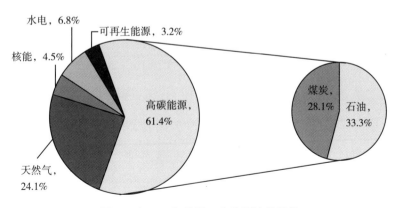

图 1-1　2016 年世界一次能源消费结构

随着这些化石能源的大量使用，大量大气污染物和温室气体（Greenhouse Gases，GHG）被释放出来。能源相关的 GHG 排放占全球人类排放的 GHG 的比例最大，约为 68%[4,5]，对气候变化贡献巨大。以煤炭为例，2016 年煤炭仅占世界一次能源消费的 28.1%，但由于煤炭单位能源使用释放的碳含量高，2016 年其燃烧排放的二氧化碳（Carbon Dioxide，CO_2）量却占到全球 CO_2 排放总量的 45%[5-7]，而 CO_2 又是 GHG 最主要的组成部分。能源的使用也是大量大气污染物排放的重要来源，这些主要大气污染物（Critical Air Pollutants，CAPs）包括颗粒物（Particulate Matter，PM，特别是 $PM_{2.5}$）、二氧化硫（Sulfur Dioxide，SO_2）等。2016 年这些由于能源的利用而产生的污染物对全球相应的污染物的排放贡献巨大，分别贡献了约 85% 的 $PM_{2.5}$ 和 99% 的 SO_2[7,8]。

随着大量的大气污染物和 GHG 被释放到大气中，大气污染（特别是雾霾污染）和气候变化问题变得日益严重。数十年来，气候的变化对几乎所有大陆和海洋的自然和人类系统产生了各种各样的影响[4,9-11]。气候变化正在破坏国家经济，影响人们的生活，使现在的人们、社区和国家付出沉重代价，未来甚至可能产生更加严重的影响。与此同时，近几十年来，大气污染对人类健康和环境产生了严重的不利影响[7-9,12]（见表 1-1），特别是，许多地区都遭受了严重的雾霾灾害，如 1948 年的多诺拉烟雾事件，1952 年的伦敦大烟雾事件和 2013 年的北京严重雾霾事件[13-15]。

表 1-1 2012 年分疾病和地区的大气污染造成的死亡（1000 人）

疾病种类	西太平洋		欧洲		东地中海		美洲		东南亚	非洲
	中低收入	高收入	中低收入	高收入	中低收入	高收入	中低收入	高收入		
急性下呼吸道疾病	11	1	2	0	28	0	3	0	49	76
慢性阻塞性肺疾病	84	9	7	0	9	0	3	0	126	4
肺癌	225	26	50	18	8	2	11	9	47	5
缺血性心脏病	270	27	157	106	91	1	50	24	304	52
中风	475	20	93	46	64	1	30	7	273	74
总计	1065	83	309	170	200	4	97	40	799	211

资料来源：世界卫生组织（WHO）（2016）[12]。

考虑到对高品质生活日益强烈的诉求和各国追求经济、社会和环境可持续发展的迫切责任，积极应对气候变化和大气污染是必要的行动[9,16-18]。气候变化与雾霾污染同根同源，即都属于能源系统，在应对中应把能源的合理开发利用作为突破点，进行协同治理。协同应对气候变化和大气污染将产生显著的积极效益[19-21]。随着世界各国积极致力于解决气候变化和大气污染问题，制定和实施合理的能源行动以在实现环境目标的同时又不损害全球经济的增长和对所有人生活质量提高的愿望越来越受到关注。当前有许多学者致力于研究能源与气候变化、大气污染的关系，以及分析应对气候变化和大气污染的协同效益[22-24]。但现有研究多通过长期能源替代规划（LEAP）模型、亚太综合模型（AIM/Enduse 模型）等复杂的模拟模型分析协同应对气候变化和大气污染的综合效益，包括环境效益和健康效益等[25-27]。

从国际视角看，关于构建简单、实用的分析框架重点研究基于能源结构特点应对气候变化和大气污染的特定能源行动的大气污染物和 GHG 减排效果的量化评估方面的思路框架、方法和工具存在空白。因此，有必要在借鉴国内外相关研究成果的基础上，开展应对大气污染和气候变化能源行动大气污染物和 GHG 减排效果的评估思路框架和方法的研究。

本书旨在构建一个多重维度、多重视角、可实现的分析框架（见图 1-2）及相应的评估方法，量化评估实现减少大气污染物和 GHG 排放量以促进世界各国——特别是面临这些挑战的发展中国家——可持续发展的能源行动的实施效果，以期为设计和实施确保经济和社会可持续发展的同时协同应对气候变化和大气污染的能源相关行动提供支撑。本书剩下部分的主要内容是：第二章归纳分析中国的能源消费特点、能源相关 GHG 和主要大气污染物排放特点；

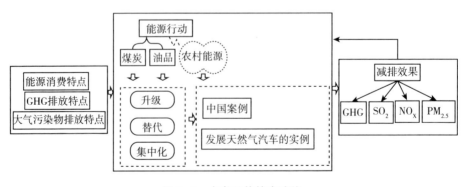

图 1-2　本书总体技术路线

第三章给出量化评估协同应对气候变化与大气污染能源行动的减排效果的概念框架；第四章以中国为案例进行分析，并提出对他国的借鉴；第五章对中国案例中发展天然气汽车能源行动及其特例——发展液化天然气重卡能源行动减排效果的评估进行深入的刻画；第六章对本书进行总结，阐述主要的结论，并指出对未来研究的展望。

第二章 中国能源消费、GHG 排放与大气污染物排放特点

为中国实施减排 GHG 和大气污染物的能源行动的设计提供基础依据，本章将归纳分析中国能源消费的特点、能源相关的 GHG 排放与主要大气污染物排放的特点。

第一节 中国能源消费的特点

在过去的几十年里，全球经济的发展导致了能源消耗大量增加。根据经济体的 GDP 购买力评估，2013 年新兴市场和发展中经济体的 GDP 总量就已经超过了 50%，即超过了发达经济体[28]。随着经济的快速发展，以中国和印度为代表的新兴市场和发展中经济体将消耗更多的能源资源，尤其是高碳、高污染的化石能源。以中国为例，2016 年消耗了大约 3200 万吨油当量的以煤炭和石油等为主的高碳、高污染能源资源，约占全球一次能源消费总量

的 1/5[2,29,30]（如图 2-1 所示）。而且，根据估计，未来以中国和印度为代表的发展中国家将贡献全球能源消费总量增量中的最大部分[7,8]。

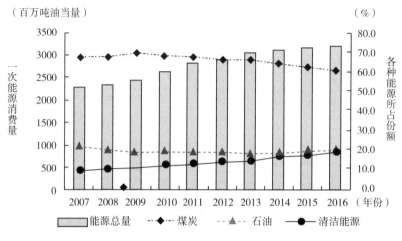

图 2-1　2007~2016 年中国一次能源消费结构

注：清洁能源包括天然气、核能、水电和可再生能源等。

第二节　中国能源相关 GHG 排放的特点

能源部门是经济发展和社会进步的发动机，但也是人类活动排放的 GHG 和大气污染物最主要的来源。在经济持续增长的同时，GHG 排放增加，空气质量恶化。数十年来，发达国家排放了大量与能源有关的 GHG，但总体来看，GHG 排放量大量集中在发展中国家[7]。而且近年来，许多发展中国家 GHG 排放量的迅速增加甚至抵消了发达国家 GHG 排放量的减少。作为一个典型的发展中国家，中国贡献了大量的 CO_2 等 GHG。近十年来，中国能源相关的GHG 排放增加显著，年均增长约 2.5%。2016 年，中国能源相关的 GHG 排放量约为 95 亿吨 CO_2 当量，排名世界第一，约占全球GHG 能源相关排放量的 28%[2,6,30]（见图 2-2）。中国是全球碳强度最高的经济体之一。

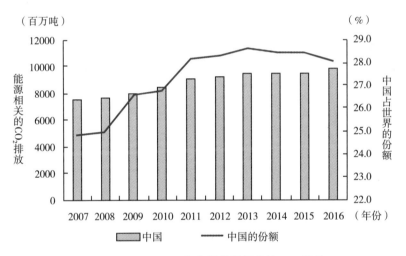

图 2-2 2007~2016 年中国能源相关的 CO_2 排放

第三节 中国能源相关大气污染物排放的特点

随着经济的发展和能源的消耗，大量的大气污染物被排放出来，包括 SO_2、氮氧化物（Nitrogen Oxides，NO_x）和 $PM_{2.5}$ 等。而且，SO_2 和 NO_2 是二次 $PM_{2.5}$ 的前驱物。这些污染物是能源活动中产生的最具破坏性的大气污染物。2015 年，能源部门贡献了约 8000 万吨的 SO_2 排放和 1.07 亿吨的 NO_x 排放[8]。这些排放多来自发展中国家的工业、电力和运输等部门。与其他能源相关的大气污染物相比，$PM_{2.5}$ 的排放更多地集中在以中国为代表的发展中国家。如图 2-3 所示，2015 年中国排放了约 900 万吨的 $PM_{2.5}$，贡献了约 27.3% 的全球 $PM_{2.5}$ 排放量。$PM_{2.5}$ 是影响空气质量的最主要的污染物之一。和其他许多发展中国家一样，中国的 $PM_{2.5}$ 浓度也比较高，年平均浓度约为 $59\mu g/m^3$[12]。许多城市和其他地区的大部分人口的生活都处在不符合世界卫生组织的 $PM_{2.5}$ 年平均浓度标准的空气质量水平之下[12,31]。

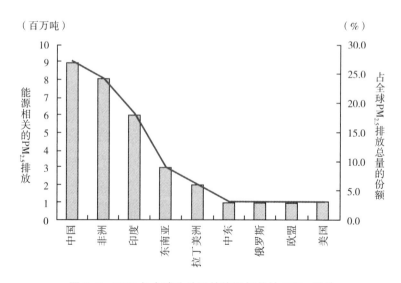

图 2-3 2015 年全球分地区的能源相关的 $PM_{2.5}$ 排放

大气污染是影响人类健康的最主要的环境因素之一。2012 年，全球有超过 700 万人死于大气污染相关疾病，即每 8 例死亡中就有 1 例是与大气污染相关的环境问题造成的[8,12]。图 2-4 给出了全球各地区因大气污染造成死亡的份额的分布。分析发现，由于大气污染造成的疾病负担严重偏向于非洲和亚洲，特别是以中国和印度为代表的发展中国家，这些地区发生的大气污染疾病事件约占全球大气污染疾病事件总量的 80%[7,32,33]。因此，能源部门需要站在改善空气质量战略的前列，这样的考虑将推动越来越多的国家进行政策制定。

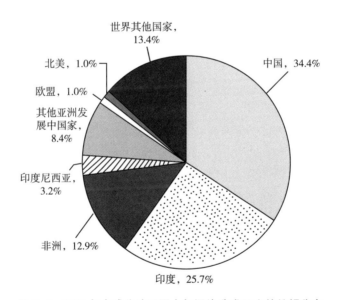

图 2-4　2012 年全球分地区因大气污染造成死亡的份额分布

第四节　本章小结

本章归纳了作为发展中国家典型代表的中国的一次能源消费特点，特别是一次能源消费结构的特点。在此基础上，还分析了中国能源相关的 GHG 和主要大气污染物排放的特点，为中国实施减排 GHG 和大气污染物的能源行动的制定与实施提供基础依据。

第三章 概念框架的开发

本章在归纳总结中国能源消费特点、能源相关的 GHG 和主要大气污染物排放特点等的基础上将构建评估应对大气污染与气候变化的能源行动的实施效果的分析框架和计算方法。

第一节 减排效果评估的分析框架介绍

鉴于能源部门当前的状况，致力于减少高碳、高污染能源消费，并增加清洁和低碳能源使用，以减少 GHG 和大气污染物排放的能源转型受到越来越多的关注。在识别发展中国家现有能源消费的特征和总结发达国家应对能源转型挑战的经验的基础上，认识到要实现能源转型主要需要依靠两方面的解决方案和措施[34-36]。一方面是提高能源效率，减少能源尤其是高碳、高污染化石能源的消费；另一方面是发展清洁、低碳能源替代高碳、高污染化石能源，改变能源的消费和供给结构。为探索合适的能源行动以实现 GHG

和大气污染物的减排，本书建立了具有多重维度的、多重视角的、实用的、可测度的分析框架（见图 3-1），以识别这些特定行动所产生的相应的效果。本章中，GHG 主要包括 CO_2，大气污染物包括 SO_2、NO_x 和 $PM_{2.5}$。

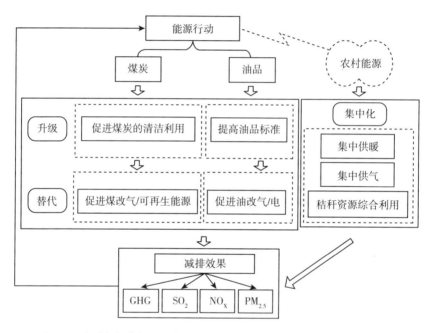

图 3-1　应对气候变化和大气污染能源行动的减排效果评估的分析框架

一、促进煤炭的清洁利用

能源使用中煤炭的燃烧是环境污染的主要来源之一。2012 年，中国因煤炭开发利用所产生的 CO_2、SO_2、NO_x 和 $PM_{2.5}$ 等排放占全国能源相关排放总量的比例分别为 80%、93%、70% 和 65%[37]。燃煤电厂和燃煤工业锅炉是煤炭资源利用最广泛的途径，也是

GHG 和大气污染物排放最主要的来源[36,38,39]。目前，中国大部分的电力来自燃煤发电，占比 75% 以上。2016 年中国的发电量约为 6.02 万亿千瓦时，位居世界第一。但煤炭发电效率平均约为 38%，低于国际先进水平的 43%[1,40,41]。燃煤工业锅炉作为中国工业供热的主要方式，与国际水平相比，其热效率相对低下，平均仅为 60%~65%[39,42,43]，如表 3-1 所示。可见，煤炭的利用效率相对较低。鉴于煤炭资源的禀赋特性，燃煤电厂和燃煤工业锅炉将仍然是未来相当长一段时间里能源供应的重要组成部分[44,45]。而现有燃煤电厂和燃煤工业锅炉的能效低下，如不采取有效措施未来依然会造成大量的废弃物和污染物排放[46,47]。因此，要想迅速实现节能减排，积极推进和实施煤炭清洁高效利用以提高能源利用效率是必要的。

表 3-1 中国燃煤工业锅炉运行的热效率

容量（MW）	热效率（%）
<1.45	55~60
1.45~4.35	60~65
4.35~7.25	65~70
7.25~14.5	70~75
>14.5	>85

注：MW 是兆瓦。

资料来源：参考文献［39，42，43］。

二、增加低碳燃料使用以替代煤炭

天然气（Natural Gas，NG）具有高热值、低含碳量的特点。

与煤炭和石油等高碳、高污染的化石燃料相比，天然气是较为清洁、优质的能源。相同能耗时天然气排放的污染物量比煤炭、石油要低很多[48,49]，如表 3-2 所示。如果用天然气对煤炭进行替代，不仅可以减少能源消耗和降低污染物排放，还可以带来其他好处，如节约家务劳动时间、促进健康和便利[48]，如表 3-3 所示。可再生能源是实现低碳发展、可持续发展最终的解决路径，但是由于技术、成本和监管等问题[50,51]，实现从以高碳化石能源为主的今天过渡到绿色、低碳的未来，还有很长的一段路要走。在此阶段，考虑到天然气的诸多优势，促进天然气的开发利用是填补这一过渡时期能源解决方案的现实选择，可以在为可再生能源发展创造更多时间与空间的同时尽可能地支撑经济、社会与环境的可持续发展[52-54]。如前所述，包括中国在内的许多国家的能源结构都是由煤炭主导的，增加天然气、可再生能源等低碳燃料的使用以替代煤炭将在促进这些国家的节能减排方面具有极大的潜力。

表 3-2　相同热值下典型化石燃料燃烧的污染物排放比较

污染物	燃料种类		
	天然气	石油	煤炭
CO_2	1	1.4	1.8
NO_x	1	4.9	5.0
SO_2	1	1870.0	4318.3
$PM_{2.5}$	1	12.0	392.0

资料来源：参考文献 [48，49]。

表 3-3 15000 户居民煤改气带来的好处

项目	数值	单位
替代煤炭的数量	22.34×10^4	吨/年
CO_2 排放减少量	1.07×10^4	吨/年
粉尘等减少量	2.46×10^4	吨/年
交通承载量减少数	111.7×10^4	千米/年
家务劳动时间节约量	1147.5×10^4	天/年

资料来源：参考文献［48］。

三、提高油品标准

机动车不仅是运输部门能源消费的主要贡献者，更是运输部门 GHG 和大气污染物排放的主要贡献者，而运输部门贡献了约占能源相关排放 21% 的 GHG、最大份额（50% 以上）的 NO_x、20% 的 SO_2 和 15% 的 $PM_{2.5}$[8,33]。随着机动车数量的增加，这种影响会变得更大。实验研究和国际经验表明，燃油质量是车辆排放控制的一个关键因素。发达国家通常采用的一种方法是提高燃料质量标准。加快推进成品油质量升级是石油利用"瘦身"的重要举措，既有利于改善环境、治理大气污染、促进绿色发展、增添民生福祉，也有利于扩大投资和消费、促进产业结构的调整与升级。表 3-4 列出了中国的汽油和柴油燃料的国家标准和硫含量要求，这些标准落后于欧盟、美国等发达地区，如欧盟分别在 2005 年和 2009 年就实施了欧 Ⅳ（硫含量 = 50ppm）和欧 Ⅴ（硫含量 = 10ppm）的标准。与欧盟的汽车相比，中国等发展中国家的汽车产生了更多的污染物排放，如 SO_2 排放等。提高燃料标准是改善石油使用的可行选择，这有助于减少污染物排放。

表3-4 中国车用油品国家标准和硫含量要求

年份	2006	2007	2008	2009	2010	2011	2012	2013	2014	2015
汽油车排放标准	国Ⅱ			国Ⅲ		国Ⅳ				
汽油标准	硫含量 = 500ppm（相当于国Ⅲ）				硫含量 = 150ppm（相当于国Ⅲ）				国Ⅳ	
柴油车排放标准	国Ⅱ		国Ⅲ				国Ⅳ			
柴油标准	硫含量 = 2000ppm（轻柴油标准）					硫含量 = 350ppm（相当于国Ⅲ）			国Ⅳ	

注：汽油国Ⅳ标准和柴油国Ⅳ标准的硫含量为 50 ppm。
资料来源：参考文献 [55]。

四、增加低碳燃料使用以替代油品

以道路运输（特别是机动车）为主导的运输部门是一个国家 GHG 和大气污染物排放的主要贡献者。依据发达国家的经验，迫切需要扩大使用污染更少、效率更高的替代燃料资源。与柴油和汽油相比，由于天然气和电力碳含量较低（或无碳含量），所以天然气和电力是更清洁的能源资源。使用天然气和电力取代传统的汽油和柴油燃料，将对减少车辆 GHG 和大气污染物排放产生重要影响[8,56,57]。由于具备清洁燃烧和动力供给优势（见表3-2），天然气汽车（Natural Gas Vehicles，NGVs）和电动汽车（Electric Vehicles，EVs）是传统燃油汽车可行的清洁替代汽车，有着巨大的减排潜力。

五、农村能源利用集中化

农村能源消费在包括中国在内的许多国家的能源结构中占有较大比重，也是这些国家能源可持续发展战略的一个重要领域。近些年，尽管农村的能源消费结构发生了显著变化，但薪柴、秸秆、煤炭等能源依然占有较大比例。而像天然气等优质能源的比例却偏低[58-60]。特别是，与城镇能源利用集中度相比，农村能源利用更为分散，不利于提高能效，更不利于节能减排。因此，在农村能源结构短时间内无法改变的情况下，通过实施集中供气和集中供热等提高能源利用集中度是比较现实有效的手段。

对于不少居住在农村的村民，因为各种条件限制，无法实现集中供暖，他们的取暖方式依旧是使用低品质的能源资源，如煤炭。农村采用传统的取暖方式，消耗了大量的散煤。这种传统供暖方式不仅容易产生安全与健康隐患（特别是煤气中毒）、使农民忍受烟熏火燎，还容易产生资源浪费和大气污染。改变农村采暖方式，实施农村集中供暖，能够带来多重利好。第一，可以提高农村居民的生活质量。通过新型采暖方式的普及应用，农民不仅可以告别烟熏火燎的日子，极大提升居住的舒适度，还将彻底改变农民的生活方式，提升生活质量，让百姓在温暖中奔小康。第二，节约资源，降低供暖费用。新型供暖方式的采用可以极大地节约薪柴、秸秆和煤炭等资源消耗，提高能源利用效率，减少供暖成本。第三，减少大气污染。现在农村冬季仍以烧煤取暖为主，资源的不当利用容易加重雾霾天气的形成和气候变暖。改变农村冬季采暖方式，既是降低采暖安全隐患、提升农民生活质量的需要，又是节能减排的必要举措。

农村地区的炊事和热水供应也是散煤使用的重要贡献者。农村地区的炊事和热水供应等日常活动通常将像煤炭这样的低品质能源资源作为燃料，这不仅会造成烟熏火燎的生活环境，还会导致资源的浪费，并产生严重的环境问题。实施集中供气也能带来诸多好处，不仅能够减少 GHG、大气污染物的排放和减少林木砍伐保护生态环境，还能够降低用能费用、节约家务劳动时间、显著改善农村居民生活条件、提高农村居民生活质量。

在包括中国在内的许多国家的农村地区，除了燃煤释放的大量 GHG 和大气污染物外，包括秸秆在内的大量生物质资源被直接作为燃料燃烧或被抛弃、焚烧。随着农业连年丰收，农作物秸秆等生物质资源产生量逐年增多。秸秆等生物质资源的不当利用，不仅污染环境、严重威胁交通运输安全，还浪费资源。秸秆等生物质资源是很有价值的资源，可以转化为清洁能源，如天然气，即生物天然气。秸秆等生物质资源转化为清洁能源能够替代煤炭的使用，不仅增加了清洁能源的供给，减少资源浪费，更减少了 GHG 和大气污染物等的排放。

第二节　减排效果评估的方法

有了合适的分析框架，接下来可以着手进行减排效果评估方法的构建。在前述分析框架的基础上，综合自下而上的方法、排放因子方法和有无对比法，本书构建了量化测度实施应对气候变化和大气污染的能源行动的双重减排效果的评估方法。

一、"促进煤炭清洁利用"能源行动的减排效果的评估方法

关于"促进煤炭清洁利用"的能源行动，实施后其产生的 GHG 和大气污染物减排贡献可以通过公式（3-1）进行计算：

$$\Delta ERE_{1tn} = (EC_{1t0} - EC_{1tn}) \times EF_{1t0} \qquad (3-1)$$

其中，ΔERE_{1tn} 是由于采取了"促进煤炭清洁利用"的能源行动而在 tn 年减少的 GHG 和大气污染物排放量；EC_{1t0} 是未实施这一能源行动时在 $t0$ 年为提供电力、供热等能源服务消耗的煤炭量；EC_{1tn} 是由于实施了这一能源行动在 tn 年为提供电力、供热等能源服务消耗的煤炭量；EF_{1t0} 是未实施这一能源行动时在 $t0$ 年提供电力、供热等能源服务的污染物排放因子。

二、"增加低碳燃料使用以替代煤炭"能源行动的减排效果的评估方法

关于"增加低碳燃料使用以替代煤炭"的能源行动，实施后其产生的 GHG 和大气污染物减排贡献可以通过公式（3-2）进行计算：

$$\Delta ERE_{2tn} = ECR_{2tn} \times EF_{2t0} - EC_{2tn} \times EF_{2tn} \qquad (3-2)$$

其中，ΔERE_{2tn} 是由于采取了"增加低碳燃料使用从而替代煤

炭"的能源行动而在 tn 年减少的 GHG 和大气污染物排放量；EC_{2tn} 是在 tn 年为提供电力、供热等能源服务而消耗的低碳燃料量；ECR_{2tn} 是在 tn 年由于增加低碳燃料使用替代煤炭而减少的煤炭消费量；EF_{2tn} 是由于实施了这一能源行动时在 tn 年提供电力、供热等能源服务的污染物排放因子；EF_{2t0} 是未实施这一能源行动时在 $t0$ 年提供电力、供热等能源服务的污染物排放因子。

三、"提高油品标准"能源行动的减排效果的评估方法

关于"提高油品标准"的能源行动，实施后其产生的 GHG 和大气污染物减排贡献可以通过公式（3-3）进行计算：

$$\Delta ERE_{3tn} = EC_{3tn} \times (EF_{3t0} - EF_{3tn}) \qquad (3-3)$$

其中，ΔERE_{3tn} 是由于采取了"提高油品标准"这一能源行动而在 tn 年减少的 GHG 和大气污染物排放量；EC_{3tn} 是实施了这一能源行动时在 tn 年为提供运输等服务而消耗的新油品标准的汽油和柴油燃料量；EF_{3tn} 是由于实施了这一能源行动时在 tn 年提供运输等服务的污染物排放因子；EF_{3t0} 是未实施这一能源行动时在 $t0$ 年提供运输等服务的污染物排放因子。

四、"增加低碳燃料使用以替代油品"能源行动的减排效果的评估方法

关于"增加低碳燃料使用以替代油品"的能源行动，实施后其 GHG 和大气污染物减排贡献可以通过公式（3-4）进行计算：

$$\Delta ERE_{4tn} = ECR_{4tn} \times EF_{4t0} - EC_{4tn} \times EF_{4tn} \qquad (3-4)$$

其中，ΔERE_{4tn} 是由于采取了"增加低碳燃料使用从而替代油品"这一能源行动而在 tn 年减少的 GHG 和大气污染物排放量；EC_{4tn} 是实施了这一能源行动时在 tn 年为提供运输等服务而消耗的低碳燃料量；ECR_{4tn} 是在 tn 年由于增加低碳燃料使用替代的传统的汽油和柴油燃料消费量；EF_{4tn} 是由于实施了这一能源行动时在 tn 年低碳燃料使用的污染物排放因子；EF_{4t0} 是未实施这一能源行动时在 $t0$ 年传统的汽油和柴油燃料使用的污染物排放因子。

五、"农村能源利用集中化" 能源行动的减排效果的评估方法

关于"农村能源利用集中化"的能源行动，实施后其 GHG 和大气污染物减排效果主要包括三部分，即促进农村集中供热、促进农村集中供气和促进农村秸秆等生物质资源的综合利用的 GHG 和大气污染物减排效果。对于"促进农村集中供热"和"促进农村集中供气"的能源行动，其 GHG 和大气污染物减排效果 ΔERE_{51tn} 和 ΔERE_{52tn} 可以通过公式（3-1）和公式（3-2）分别进行计算。对于"促进农村秸秆等生物质资源的综合利用"的能源行动，其 GHG 和大气污染物减排贡献可以通过公式（3-5）进行计算：

$$\Delta ERE_{53tn} = ECR_{53tn} \times EF_{53t0} - EC_{53tn} \times EF_{53tn} + SEC_{53tn} \times SEF_{53tn}$$

$$(3-5)$$

其中，ΔERE_{53tn} 是由于采取了"促进农村秸秆等生物质资源

的综合利用"这一能源行动而在 tn 年减少的 GHG 和大气污染物排放量；EC_{53tn} 是在 tn 年为提供电力、供热等能源服务而消耗的天然气燃料量；ECR_{53tn} 是在 tn 年由于增加天然气的使用替代煤炭而减少的煤炭消费量；EF_{53tn} 是由于实施了这一能源行动时在 tn 年提供电力、供热等能源服务的污染物排放因子；EF_{53t0} 是未实施这一能源行动时在 $t0$ 年提供电力、供热等能源服务的污染物排放因子；SEC_{53tn} 是由于实施了这一能源行动时减少的秸秆等生物质资源的焚烧量；SEF_{53tn} 是秸秆等生物质资源焚烧的污染物排放因子。

结合公式（3-5）和公式（3-1）、公式（3-2），"农村能源利用集中化"的能源行动实施后的 GHG 和大气污染物减排效果可以通过公式（3-6）进行计算：

$$\Delta ERE_{5tn} = \Delta ERE_{51tn} + \Delta ERE_{52tn} + \Delta ERE_{53tn} \qquad (3-6)$$

基于以上公式，致力于应对气候变化与大气污染的一系列能源行动的总的 GHG 和大气污染物减排效果可以通过公式（3-7）进行计算：

$$\Delta ERE_{stn} = \Delta ERE_{1tn} + \Delta ERE_{2tn} + \Delta ERE_{3tn} + \Delta ERE_{4tn} + \Delta ERE_{5tn} + \cdots$$
$$(3-7)$$

第三节　本章小结

本章在审视中国能源消费特点、能源相关的 GHG 和大气污染物排放特点等基础上构建了简单、实用的评估应对大气污染和气候变化能源行动实施效果的分析框架。在构建的分析框架基础上，综合自下而上的方法、排放因子方法和有无对比法等，构建了量化测度实施应对气候变化和大气污染的能源行动减排效果的评估方法。

第四章 中国案例及对他国的借鉴

本章将利用建立的分析框架和构建的评估方法对中国案例进行分析，测度针对中国提出的特定能源行动的 GHG 和大气污染物双重减排效果，并将评估结果进行反馈以支撑制定与实施合适的能源行动。之后，将根据中国案例经验指出本章对与中国类似的其他国家的借鉴。

第一节 中国能源行动的 GHG 和大气污染物
减排效果评估

包括中国在内的许多国家都面临着在追求可持续发展的同时还必须解决能源和环境问题的挑战。作为一个典型的发展中国家，中国已经实施了一系列促进能源结构的转型与变革的行动以实现节能减排。从中国能源消费的特点以及 GHG 与大气污染物排放的特点出发，根据之前提出的分析框架，需要实施"升级（瘦身）、替代和集中化"行动以实现能源的转型（如表 4-1 所示）。这些能源行动主要包括：①煤电"上大压小"行动；②"绿色锅炉工程"行动；③城乡煤改气行动；④油品加速升级行动；⑤促进 NGV 发展行动；⑥"公车完全电动化工程"行动；⑦农村能源利用集中化行动。基于前述的计算方法和相关数据（见附表 A），接下来可以计算中国实施这些能源行动的 GHG 和大气污染物减排效果。

表 4-1　中国煤炭、油品和农村能源的"'瘦身'、替代和集中化"行动

方法　　　　能源品种	煤炭	油品
"瘦身"	高效与清洁化利用煤炭，重点实施煤电"上大压小"行动、"绿色锅炉工程"行动	大力提升油品标准行动
替代	大规模使用天然气替代煤炭	快速发展 NGV 和 EV 以替代油品，重点实施加快发展 NGV 行动、"公车完全电动化工程"行动
集中化	农村能源利用方式集中化行动，包括集中供暖行动、集中供气行动和秸秆综合利用行动	

一、中国各能源行动的 GHG 和大气污染物减排效果

1. 煤电"上大压小"行动的减排效果

在作为煤炭主消费"阵地"燃煤电厂的燃煤机组中，小规模燃煤发电机组能耗高、污染大，占煤电总量比例大，是煤电实施节

能减排、煤炭"瘦身"的重要制约因素。中国政府很早就意识到了燃煤发电厂在规模效应、资源浪费和环境污染等方面存在的问题。2006 年，中国政府出台了"十一五"规划，推出了诸多措施旨在实现减少能源消耗和主要污染物减排的目标，如实施煤电"上大压小"行动，淘汰落后产能，促进煤电产能结构调整，为更加清洁高效的大规模煤电机组创造更多发展空间[61,62]。图 4-1 反映了煤电"上大压小"行动的 GHG 和大气污染物减排作用。2006~2015 年，这一行动共减少了约 1990 万吨的 SO_2、1210 万吨的 NO_x、180 万吨的 $PM_{2.5}$ 和 5 亿吨的 GHG。

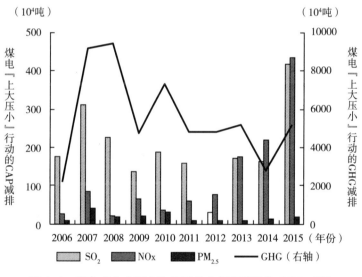

图 4-1 煤电"上大压小"行动的大气污染物和 GHG 减排

2. "绿色锅炉工程"行动的减排效果

在燃煤电厂减排已采取诸多措施并达到一定效果的背景下，污染贡献度仅次于燃煤电厂的燃煤工业锅炉污染物减排自然成为下一阶段主抓的治污新"阵地",也是煤炭"瘦身"未来的主攻方向。考虑到中国目前已研制出高效、低排放的燃煤工业锅炉,可通过质量标准提升和报废更新资金补贴等措施开展"绿色锅炉工程",促进高质量、大容量工业燃煤锅炉的应用。据估算,2020 年和 2030 年,燃煤工业锅炉的平均热效率将分别约为 68% 和 74.6%[63,64]。这不仅可以提高能效,又可以减少污染,是实现煤炭利用的高效和低排放的有效途径。结合煤炭的消费量和使用单位煤炭的污染物排放变化,可以计算出实施"绿色锅炉工程"行动产生的 GHG 和大气污染物减排贡献(见图 4-2)。2016 年,实施这一行动实现了约 40 万吨大气污染物和 2610 万吨 GHG 的减排量。到 2020 年,实施这一行动的减排作用将分别是约 30 万吨的大气污染物和 1860 万吨

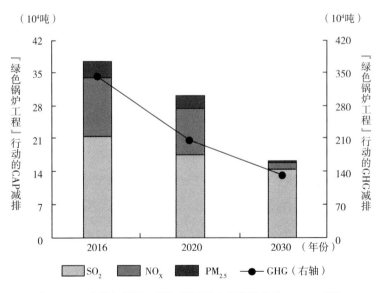

图 4-2 "绿色锅炉工程"行动的大气污染物和 GHG 减排

的 GHG，到 2030 年则是将减排约 20 万吨的大气污染物和 830 万吨的 GHG。

3. 城乡煤改气行动的减排效果

考虑到天然气燃烧的污染物排放比煤炭明显更低，中国正在加大在城市和农村地区用天然气取代煤炭的努力。这一替代主要发生在三个部门，包括城乡居民消费、燃煤发电厂和燃煤工业锅炉。以城镇居民消费为例，对中国发布的相关政策和规划等的回顾表明，2016 年中国城市居民使用的天然气占到全国天然气消费总量的 18.7%，比 2015 年增长了 6%[65,66]。预计到 2020 年和 2030 年，这一比例将分别是 19.2% 和 20.7%。根据城乡煤改气行动实施时新增的天然气消费量、天然气的使用从而替代的煤炭消费量以及不同燃料燃烧的污染物排放因子可以计算出城乡煤改气行动的 GHG 和大气污染物减排效果（见图 4-3）。由于实施了这一行动，2016 年减排了约 400 万吨大气污染物和 4.85 亿吨 GHG。到 2020 年和 2030 年，实施这一行动将分别实现约 610 万吨大气污染物与 8.03 亿吨 GHG、1010 万吨大气污染物与 14.54 亿吨 GHG 的减排。

4. 油品加速升级行动的减排效果

鉴于油品国家标准在中国实施的效果，结合国际经验教训，中国正在加快成品油质量升级。从汽车油品标准分步实施角度，

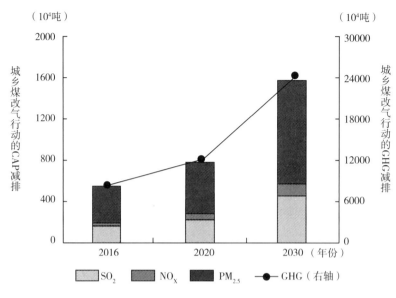

图 4-3　城乡煤改气行动的大气污染物和 GHG 减排

假定到 2016 年，中国完全实施了国Ⅳ（硫含量＝50ppm）新的汽油和柴油标准[67]；到 2020 年和 2030 年，中国分别实施了国Ⅴ（硫含量＝10ppm）和国Ⅵ（硫含量＝5ppm）新的汽油和柴油标准。图 4-4 反映了油品加速升级行动的 GHG 和大气污染物减排效果。在识别国家燃料标准相应的含硫量要求和实际使用的燃料数量的基础上，可以计算得到油品加速升级行动的 GHG 和大气污染物减排效果。2016 年，实施油品加速升级行动实现了约1280 万吨大气污染物（这里主要是 SO₂）的减排。到 2020 年和2030 年，这一贡献将分别是 240 万吨大气污染物和 30 万吨大气污染物的减排。

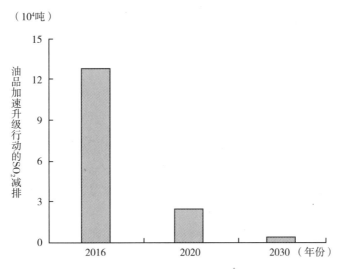

图 4-4　油品加速升级行动的大气污染物和 GHG 减排

5. 促进 NGV 发展行动的减排效果

调查分析发现，中国 NGV 主要包括 6 种，分别是压缩天然气（Compressed Natural Gas，CNG）出租车、其他 CNG 乘用车、CNG 客车、CNG 卡车、液化天然气（Liquefied Natural Gas，LNG）客车和 LNG 卡车[64,68]。其中，CNG 卡车主要是 CNG 轻卡，LNG 卡车主要是 LNG 重卡。根据中国政府发布的有关政策和规划等可知，2016 年中国 NGV 的保有量约为 550 万辆。到 2020 年和 2030 年，中国 NGV 的保有量将分别约为 800 万辆和 1400 万辆[64,68]。在获得了 NGV 的保有量、NGV 和对应传统燃油汽车的排放因子等关键数据的基础上，可以计算得到促进 NGV 发展行动的大气污染物和 GHG 减排效果，如图 4-5 所示。随着这一行动的实施，在 2016

年，中国 NGV 贡献了约 10 万吨大气污染物和 1390 万吨 GHG 的减排量。预计在 2020 年，中国 NGV 将分别贡献约 20 万吨大气污染物和 2360 万吨 GHG 的减排量；到 2030 年，将贡献约 40 万吨大气污染物和 4380 万吨 GHG 的减排量。考虑到 NGV 的巨大贡献，未来逐渐增长的保有量将进一步减少运输部门大气污染物和 GHG 的排放，这将对中国的减排目标的实现做出重大贡献。

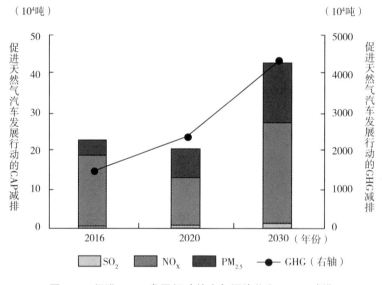

图 4-5　促进 NGV 发展行动的大气污染物和 GHG 减排

6. "公车完全电动化工程"行动的减排效果

电动汽车的使用能显著改善当地环境，而且如果所用能源为清洁电力，该项技术还具有全局上的节能减碳和降低污染物排放的效益。考虑到电动车技术、成本等方面的因素，私人乘用电动车市场拓展需要一个过程，而广义公车市场可以在较短时间内呈现一个快速发展的局面。中国正在优先促进公车的电动化，公车包括政府公务用车、公交车、出租、环卫等专用车。根据中国政府发布的有关政策和规划等可知，2016 年中国电动公车（City Public Vehicles，CPVs）的保有量约为 30 万辆。到 2020 年和 2030 年，中国 CPV 的保有量将分别达到约 110 万辆和 480 万辆[69]。在获得了 CPV 的保有量、CPV 和对应传统燃油汽车的排放因子等关键数据的基础上，可以计算得到"公车完全电动化工程"行动的大气污染物和 GHG 减排效果，如图 4-6 所示。随着这一行动的实施，在 2016 年，中国 CPV 分别贡献了约 30 万吨大气污染物和 70 万吨 GHG 的减排量。到 2030 年，中国 CPV 将分别贡献约 130 万吨大气污染物和 960 万吨 GHG 的减排量。

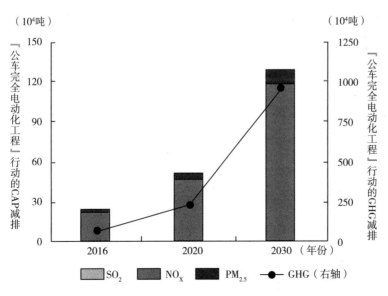

图 4-6　"公车完全电动化工程"行动的大气污染物和 GHG 减排

7. 农村能源利用集中化行动的减排效果

考虑到农村地区散煤使用会产生大量污染物，中国正积极采取行动以减少煤炭的使用，包括实施政策规划和工作方案以促进使用大型燃煤锅炉进行集中供热以及使用天然气取代散煤做饭和供应热水等[70-72]。以供热为例，回顾中国政府发布的有关政策和规划等可知，2016 年集中供热替代传统供热减少的散煤消费占传统供热煤炭消费总量的比例约为 5%。预计到 2020 年和 2030 年，这一比例将分别约为 15% 和 35%。此外，中国正加大力度减少秸秆等生物质资源的直接焚烧。将这些资源转化为天然气等清洁能源，不仅可以减少资源浪费和环境污染，而且还可以增加新的清洁能源供应以及减少因使用煤炭而产生的大气污染物和 GHG 排放。图 4-7 反映了估算的农村能源利用集中化行动的大气污染物和 GHG 减排效果。2016 年，农村能源利用集中化行动减少了约 100 万吨大气污染物和 4920 万吨 GHG 的排放量。到 2020 年，这一行动将实现约 490 万吨大气污染物和 2.47 亿吨 GHG 的减排量；到 2030 年，将减少约 870 万吨大气污染物和 4.59 亿吨 GHG 的排放量。

二、中国能源行动的 GHG 和大气污染物整体减排效果

1. 综合减排效果

除了中国为应对气候变化和雾霾污染已经实施的能源行动

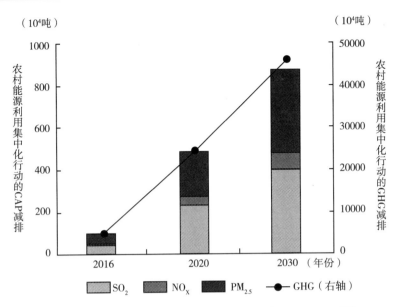

（10⁴吨）　　　　　　　　　　　　　　　　　（10⁴吨）

图4-7　农村能源利用集中化行动的大气污染物和 GHG 减排

1——煤电"上大压小"行动外，其他能源行动或将要实施，也将在大气污染物和 GHG 减排方面发挥重要作用。图4-8反映了估算的中国提出的能源行动的大气污染物整体减排效果。由于采取这些能源行动，2016年减少了约330万吨的 SO_2、160万吨的 NO_x 和80万吨的 $PM_{2.5}$，即570万吨的大气污染物的排放。在2020年，这些行动的实施将实现约1210万吨大气污染物的减排；到2030年，将减排约2070万吨的大气污染物。估算的中国提出的能源行动的 GHG 整体减排效果如图4-9所示。由于这些能源行动的实施，2016年减少了5.75亿吨的 GHG。到2020年和2030年，这些行动的实施将分别实现约10.94亿吨 GHG 和19.75亿吨 GHG 的减排。

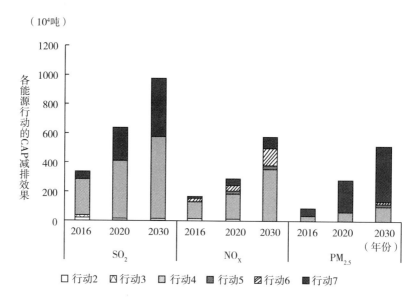

图 4-8 中国实施的能源行动的大气污染物减排效果

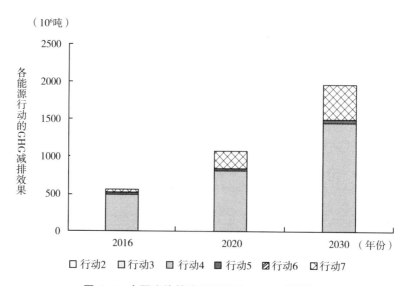

图 4-9 中国实施的能源行动的 GHG 减排效果

2. 不同目标下减排效果最大化

如前所述，实施能源行动在减少 GHG 和大气污染物（特别是 $PM_{2.5}$）排放量方面产生了显著的环境效益。这些能源行动将对中国应对气候变化和雾霾污染发挥重要作用。但是，通过分析发现，不同的能源行动在 GHG 或 $PM_{2.5}$ 减排效果方面存在显著的差异（见图4-10）。如果目标是以中国的 GHG 减排为优先，则最佳的能源行动是行动4，之后是行动7、行动5、行动2、行动6、行动3。然而，如果目标以中国的 $PM_{2.5}$ 减排为优先，则最佳的能源行动是行动7，之后是行动4、行动5、行动6、行动2、行动3。这一分析有助于中国决策机构确定关键行动和针对不同目标确定实施重点及顺序，以尽可能地使减排效果最大化。

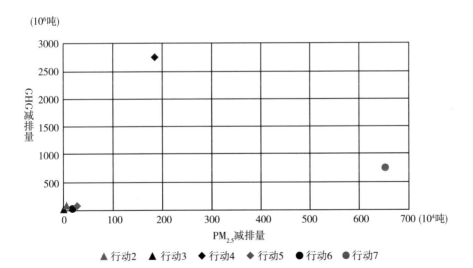

图4-10　中国实施的能源行动在 GHG 减排效果和大气污染物
减排效果方面的差异

第二节 对他国的借鉴

随着人们对气候变化和大气污染的显著影响越来越关注，全球许多国家都越来越重视为日益增长的人口提供更多的清洁能源，同时尽可能少地排放 GHG 和大气污染物。2015 年 12 月，在巴黎举行的第 21 届缔约方会议上达成的《巴黎协定》是努力应对气候变化的一个重要里程碑，也将在减少大气污染物方面发挥重要作用。已被 150 多个国家的政府采纳的最终目标是将全球变暖的平均水平限制在不超过工业前水平的 2°C 以内[4,18,33]。为了达到 2°C 的目标，到 2050 年，全球人为的 GHG 排放必须比 2010 年减少 40%~70%，而到 2100 年，排放水平则必须接近于零或低于零[4]。包括中国在内的许多国家都已经提交了本国的自主贡献，主要集中在 CO_2 排放高峰，降低单位 GDP 的 CO_2 排放量，以及增加非化石燃料在主要能源消费中的份额。面对这些巨大挑战，许多国家必须采取合适的行动，特别是从能源的视角，以实现绿色、低碳发展。

一、建立分析框架

通过前面的分析发现，中国实施的致力于应对气候变化和改善空气质量的能源行动在大气污染物和 GHG 减排方面发挥了重要作用。这一发现也意味着，本书提出的分析框架及构建的评估方法有助于中国确定能源行动方案和识别哪些行动方案应该实施以及实施的优先顺序。同中国类似的许多其他国家也需要在确定本国能源消费特点与 GHG 和大气污染物排放特征等的基础上建立合适的分析框架。有了相应的分析框架，这些国家可以在实施合理的能源行动以应对气候变化和大气污染方面做出明智的决定。此外，积极促进节能炉在农村地区的使用是促进煤炭清洁高效利用的一种途径，也有助于促进节能减排。节能炉的使用有助于 GHG 与大气污染物的减排，但这超出了本书研究的范围。

二、应用建立的框架分析能源行动的减排效果

分析框架建立以后，应用构建的评估方法可以测算这些国家实施的能源行动的 GHG 与大气污染物减排效果。像针对中国进行评价的方法一样，这里的计算方法也可以采用有无对比法。通过比较实施和不实施能源行动时目标年的 GHG 和大气污染物排放计算 GHG 和大气污染物的减排效果。在测算各能源行动的 GHG 和大气污染物减排效果的基础上，接下来可以测算这些能源行动所产生的 GHG 和大气污染物综合减排效果，特别是不同目标约束下的综合减排效果。尽管这里呈现的能源行动减排效果的分析框架是针对国家层面的，但如果关键数据可获得，省份层面或城市层面的研究也是适用的。

三、在效果分析的基础上确定关键的能源行动

通过综合效果分析可以测算出实施的一系列能源行动在 GHG

和大气污染物方面的整体减排效果，这将有助于包括中国在内的国家识别这些能源行动在实现国家减排目标方面的潜力。例如，中国政府做出了一些能源方面的承诺，如到 2030 年，低碳能源的占比将增加到 20%。这些考虑已纳入了本书的研究中。综合效果分析发现，提高低碳能源的比例将在减排方面发挥重要作用，有利于环境目标的达成。这里分析的能源行动能够帮助同时控制 GHG 和大气污染物排放的实现。而且，通过分析能够识别各能源行动在 GHG 和大气污染物方面的减排规模，有助于确定关键的行动和行动的实施重点。当应对气候变化和大气污染时，为尽可能地实现减排作用，应根据目标确定实施的能源行动的优先性。例如，如果工作重心是改善大气质量，像减少农村散煤使用等对 $PM_{2.5}$ 减排贡献大的能源行动应该优先付诸实施。同样，如果工作重心是减缓气候变化，则像促进城乡煤改气等对 GHG 减排贡献大的能源行动应该优先付诸实施。效果分析还有助于根据不同目标确定实施的能源行动的优先顺序，从而使减排效果实现最大化。此外，效果分析还纳入了区域差异的考量，有利于制定出更加合理的能源行动。例如，在北方地区，集中供热是减排 GHG 和大气污染物的有效方式。

四、出台辅助措施以保障相应能源行动的实施

既然实施能源行动能够实现显著的 GHG 和大气污染物减排，接下来确保能源行动的有效施行就十分重要。像中国一样，这些国家需要采取诸多措施以保障能源行动的顺利实施，如出台一些政策和规划等。例如，实施城乡煤改气行动，需要出台促进天然气基础

设施建设、调整天然气定价以使其更具竞争性、提高污染物排放标准促进天然气使用等措施，从而促进这一行动的有效施行。如果支撑措施力度不够，难以确保能源行动的顺利实施，实施能源行动产生的减排效果也难以准确测度，反过来将影响应对气候变化和改善空气质量的能源行动制定与实施的决策过程。

第三节　本章小结

本章利用建立的分析框架和构建的评估方法对中国案例进行分析，包括针对中国特点提出的可能适用的协同应对气候变化和大气污染的能源行动、评估中国实施这些能源行动可能带来的 GHG 和大气污染物减排效果、进行效果分析为中国制定与实施合适的能源行动提供参考等。之后，根据中国案例经验指出了本章对许多与中国类似的国家的借鉴，包括针对各自国家国情建立合适的分析框架和评估方法、应用建立的分析框架和评估方法测度应对气候变化和大气污染能源行动的减排效果、在效果分析的基础上确定关键的能源行动等。

第五章 中国发展天然气汽车的大气污染物与 GHG 减排效益

本章将在 Tsinghua-LCA 模型（TLCAM）基础上构建反映实际情况、基于统一计算平台的自下而上的中国 NGV（CNGV、LNGV）能源消耗、GHG 和主要大气污染物排放的计算模型，全面、系统地分析 NGV 的直接能耗、全生命周期能耗和 GHG 排放以及直接的主要大气污染物排放，并测度天然气汽车替代传统燃油汽车产生的石油替代效益、GHG 减排效益和主要大气污染物减排效益。

第一节　引言

中国汽车工业增加值占制造业增加值的比重约为 5%，是制造业的重要支柱，其快速发展促进了中国制造业产业结构转型升级，为制造业的稳步发展提供了诸多支持。另外，汽车产业因其产业链长、覆盖面广、关联的上下游产业众多，在国民经济中扮演着十分重要的角色，其自身发展能够带动产业链上下游相关产业共同发展。但是，因为存在高速增长、高频使用和高度聚集的发展特征，汽车成为石油消耗、大气污染物和 GHG 排放的重要贡献者[73,74]。

在降低石油进口依存度、治理城市大气污染、应对气候变化和促进相关产业发展的背景下，发展 NGV（包括 CNGV 和 LNGV）成为国家重要的战略部署。近些年，中国在能源、环保、交通和汽车产业等领域出台了一系列政策规划以促进 NGV 的发展。中国的 NGV 取得了显著进展，保有量跃居世界第一，年均增长率约为 30%（见图 5-1）[75,76]。但是，NGV 保有量占汽车总保有量的比例依然较低，约为 3.4%。

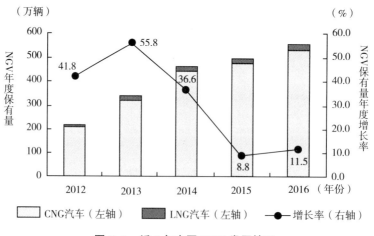

图 5-1　近 5 年中国 NGV 发展情况

现有的关于 NGV 能耗与 GHG 排放全生命周期分析（LCA）的研究多是从替代燃料的角度进行分析的[56,77]，而且多是关注某一类 NGV，很少有对包含各个类型的 NGV 进行整体分析的 LCA 研究[78-80]，对 NGV 主要大气污染物排放的研究也类似[81-83]。因而，当前缺乏对包含各个类型的 NGV 整体进行系统的能源消耗、大气污染物和 GHG 排放的分析。本章将构建反映实际情况，基于统一计算平台的自下而上的中国 NGV 能耗、主要大气污染物和 GHG 排放的计算模型，系统、全面地分析 NGV 的直接能耗、全生命周期能耗和 GHG 排放以及直接的主要大气污染物排放，并测度 NGV 替代传统燃油汽车产生的石油替代效益、主要大气污染物减排效益和 GHG 减排效益。

第二节　研究方法

一、边界

本章采用基于 Tsinghua-LCA Model（TLCAM）的 LCA 方法构建了考虑 6 种 NGV 的自下而上的计算方法分析中国 NGV 的全生命周期能耗和 GHG 排放。TLCAM 是由清华大学中国车用能源研究中心在应用广泛的 LCA 工具——GREET 模型——的基础上开发的基于中国实际的 LCA 建模工具，用于分析替代车用燃料和汽车技术的全生命周期能耗和 GHG 排放[84-85]。在本 LCA 研究中，车用燃料的全生命周期阶段包括五个部分，即能源开采（C1）、能源运输（C2）、燃料生产（C3）、燃料运输（C4）和燃料使用（C5）（见图 5-2）。本

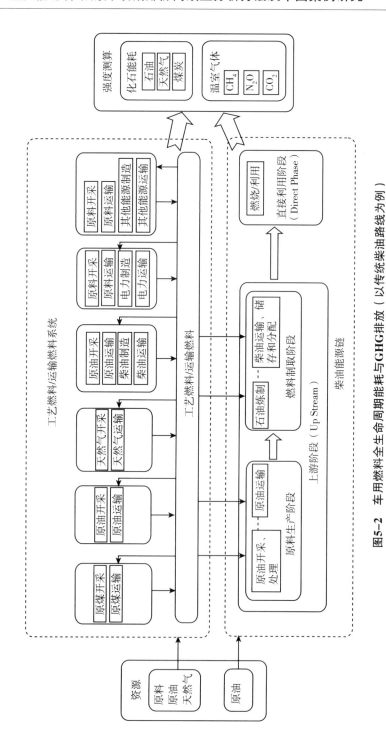

图5-2 车用燃料全生命周期能耗与GHG排放（以传统柴油路线为例）

章中的 GHG 包括三种，分别是 CO_2、甲烷（CH_4）和一氧化二氮（N_2O）。CH_4 和 N_2O 的温室效应（全球变暖潜势）分别是 CO_2 的 25 倍和 298 倍[86]。关于分析中国 NGV 的主要大气污染物排放，本章采用类似于姚寿福等[81]和 Xing 等[83]的排放因子方法。在本章中，主要大气污染物包括碳氢化合物（HC）、一氧化碳（CO）、氮氧化物（NO_x）、二氧化硫（SO_2）和颗粒物（PM）五种。考虑到保有量与污染物排放贡献，本章中的燃油汽车指的是国Ⅲ标准的汽车。

一系列调查分析发现，中国 NGV 保有量最多的类别主要包括六种，分别是 CNG 出租车、其他 CNG 乘用车、CNG 客车、CNG 卡车、LNG 客车和 LNG 卡车[64,68,87]。其中，CNG 卡车主要是 CNG 轻卡，LNG 卡车主要是 LNG 重卡。本章中的 NGV 即主要包含以上六种类型的 NGV。

二、方法学

本章构建了中国 NGV 及对应燃油汽车的直接能源消耗、直接主要大气污染物排放量、全生命周期能源使用和 GHG 排放量的自下而上的评估模型。模型的结构如图 5-3 所示。

1. 不同类型 NGV 的年度燃料消耗计算

基于中国 NGV 及对应燃油汽车的燃料经济性、燃料低位热值和年度行驶里程，运行一辆 NGV 一年需要消耗的能源的计算如公式（5-1）所示：

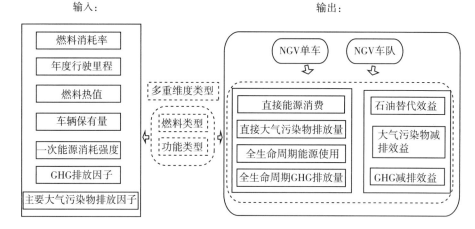

图 5-3　建模结构示意图

$$EC_{i,j} = FE_{i,j} \times ADT_j \times LCV_i \qquad (5-1)$$

其中，$EC_{i,j}$ 是 NGV 及对应燃油汽车单车的年度能源消耗，单位是 MJ，i 是汽车使用的燃料类型（见表 5-1 和表 5-2），j 是汽车类型；$FE_{i,j}$ 是各类型 NGV 对应燃油汽车的燃料经济性，单位是 L/100km；ADT_j 是各类型 NGV 对应燃油汽车的年度行驶里程，单位是 100km；LCV_i 是各车用燃料的低位热值，单位是 MJ/L。

表 5-1　NGV 与汽油汽车对比时 i 和 j 的含义

序号	燃料类型	汽车类型
	i	j
1	汽油	出租车
2	CNG	其他乘用车

表 5-2 NGV 与柴油汽车对比时 i 和 j 的含义

序号	燃料类型	汽车类型
	i	j
1	柴油	客车
2	CNG[a]	轻卡
3	LNG	重卡

注:[a]本章中 NGV 只含 CNG 轻卡和 LNG 重卡。

在计算了 NGV 单车能耗的基础上,结合 NGV 的保有量,NGV 车队一年需要消耗的能源根据公式(5-2)进行计算:

$$EC_{i,t} = \sum_{j=1}^{k} EC_{i,j} \times VP_{i,j,t} \quad (5-2)$$

其中,$EC_{i,t}$ 是 t 年(t 为 2015、2020、2030) NGV 车队一年消耗的能源,单位是 MJ; k 是常数,当 NGV 与汽油汽车对比时 k 为 2,NGV 与柴油汽车对比时 k 为 3; $VP_{i,j,t}$ 是 NGV 的年度保有量,单位是万辆。

2. NGV 的大气污染物排放计算

基于 NGV 及对应燃油汽车的大气污染物排放因子、年度行驶里程和保有量,NGV 年度污染物排放的计算如公式(5-3)所示:

$$APE_{i,t} = APEF_{i,j} \times ADT_j \times VP_{i,j,t} \quad (5-3)$$

其中,$APE_{i,t}$ 是 t 年 NGV 车队排放的大气污染物,单位是万吨; $APEF_{i,j}$ 是 NGV 及对应燃油汽车的大气污染物排放因子,单位是 mg/km。

3. NGV 的全生命周期能耗计算

基于计算的 NGV 及对应燃油汽车的单车年度直接能耗和 NGV 及对应燃油汽车的全生命周期能耗强度，单位里程全生命周期能耗的计算如公式（5-4）所示：

$$LCEC_{i,j} = EC_{i,j}/ADT_j \times PECF_i \qquad (5-4)$$

其中，$LCEC_{i,j}$ 是 NGV 及对应燃油汽车的单位里程全生命周期能耗，单位是 MJ/100km；$PECF_i$ 是车用燃料的全生命周期能耗强度，单位是 MJ/MJ。

4. NGV 的全生命周期 GHG 排放计算

在计算了 NGV 单车能耗的基础上，结合 NGV 的保有量，NGV 车队一年需要消耗的能源根据公式（5-5）进行计算：

$$LCGE_{i,t} = \sum_{j=1}^{k} EC_{i,j} \times GEF_i \times VP_{i,j,t} \qquad (5-5)$$

其中，$LCGE_{i,t}$ 是 t 年 NGV 车队的全生命周期 GHG 排放，单位是万吨；GEF_i 是 NGV 及对应燃油汽车的全生命周期 GHG 排放因子，单位是 g/MJ。

第三节　数据与假设

基于前述的方法想获得需要的计算结果，有 6 个关键参数的取值需要确定：①燃料经济性（见表 5-3）[55,64,68,88,89]；②大气污染物排放因子；③年度行驶里程（见表 5-4）[55,64,90]；④NGV 保有量（见表 5-5）[68,76]；⑤燃料周期的全生命周期能耗因子（见表 5-6）[84,90,91]；⑥燃料周期的全生命周期 GHG 排放因子。

表 5-3　中国 NGV 与对应燃油汽车的燃料经济性及主要大气污染物排放因子

汽车类型	燃料类型	百公里燃料消耗（L/100km）	主要大气污染物排放（mg/km）				
			HC	CO	NO$_x$	SO$_2$	PM
出租汽车及其他乘用车	汽油	8.7	580	5800	210	20	10
	CNG	34.8	82	2531	257	0[a]	1
客车	柴油	32.9	3560	25330	9600	47	850
	CNG	189.2	684	13727	5032	0	36
	LNG	61.3	684	13727	5032	0	36
轻卡	柴油	18.7	550	4730	470	47	100
	CNG	108.0	138	2365	282	0	6
重卡	柴油	36.0	2828	20107	12100	47	1071
	LNG	67.3	481	10575	6370	0	37

注：[a] 由于数值太小，假定其为 0。
资料来源：参考文献［55，64，90］。

表 5-4　中国分类型 NGV 及对应的燃油汽车的主要行驶特征

年行驶里程（100km）	出租汽车	其他乘用车	客车	轻车	重卡
低里程	1155	150	627	400	1150
平均里程	1320	171	726	500	1337.5
高里程	1485	192	825	600	1525

资料来源：参考文献［68，83，89］。

表 5-5 **2015 年中国天然气汽车分类保有量**

NGV 类型	CNG 出租汽车	其他 CNG 乘用车	CNG 客车	CNG 轻卡	LNG 客车	LNG 重卡
保有量（万辆）	84.5	360.5	21	11	12	11

资料来源：参考文献［68，76］。

表 5-6 **按一次能源种类和生命周期阶段分的全生命周期能耗因子和 GHG 排放因子**

燃料类型			汽油	柴油	CNG	LNG
按一次能源种类	化石能源消耗（MJ/MJ）	煤炭	0.079	0.077	0.08	0.127
		石油	1.159	1.152	0.008	0.015
		天然气	0.055	0.054	1.124	1.124
		合计	1.293	1.283	1.211	1.266
	GHG 排放（g/MJ）	CO_2	88.947	92.896	70.560	75.631
		CH_4	0.129	0.052	0.110	0.133
		N_2O	0[a]	0.028	0	0
		合计	92.17	94.20	73.40	78.95
按生命周期阶段	化石能源消耗（MJ/MJ）	C1[b]	0.121	0.120	0.125	0.125
		C2	0.019	0.019	0.003	0
		C3	0.147	0.138	0.084	0.135
		C4	0.007	0.007	0	0.007
		C5	1	1	1	1
		合计	1.293	1.283	1.211	1.266
	GHG 排放（g/MJ）	C1	9.06	1.53	11.08	0.58
		C2	9.00	1.52	10.40	0.58
		C3	9.36	0.20	7.42	0.00
		C4	9.35	0.00	11.99	0.48
		C5	9.06	1.53	11.08	0.58
		合计	92.17	94.20	73.40	78.95

注：[a]由于数值太小，假定其为 0。 [b] C1、C2、C3、C4 和 C5 表示生命周期的各个阶段：C1 是能源开采阶段，C2 是能源运输阶段，C3 是燃料生产阶段，C4 是燃料运输阶段，C5 是燃料使用阶段。

资料来源：参考文献［84，90，91］。

此外，还有其他参数：①各类型汽车燃料的低位热值，汽油、柴油、CNG 与 LNG 的低位热值分别为 31.87 MJ/L、35.83 MJ/L、7.12 MJ/L 和 21.35 MJ/L [2,92]；②车用燃油的密度，汽油和柴油的密度分别为 0.74 kg/L 和 0.84 kg/L[2,90,93]；③油当量转换系数，汽油和柴油的系数分别为 1.05 和 1.01。

第四节　结果与讨论

一、中国 NGV 的燃料消耗

计算的中国 NGV 及对应的燃油车年度的直接能源消耗量如图 5-4 所示。从直接能耗角度看，NGV 与燃油车单车年度的直接能源消耗略有差异。除 CNG 出租车及其他乘用车比对应的汽油车单车年度的直接能耗低约 10%，其他类型的 NGV 比对应的柴油车单车年度的直接能耗高 11%~15%。总体来看，NGV 的直接能耗比燃油车略高。也就是说，NGV 技术需要取得新的进步以减少单位里程燃料消耗节约能源使用。

图 5-5 显示了 2015 年中国 NGV 车队消耗的天然气和替代的油品量。平均情况下，2015 年中国 NGV 总计消耗天然气约 281.6 亿立方米，约占 2015 年全国天然气消费的 14.6%[93,94]。可见，发展 NGV 有利于促进天然气消费市场的发展。2015 年，这些 NGV 的使

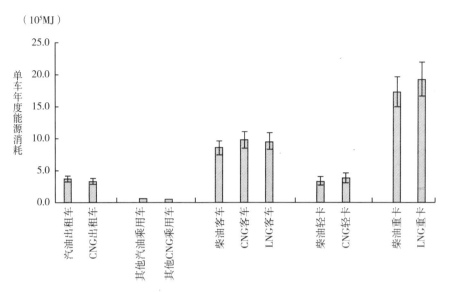

图 5-4　中国 NGV 及对应的燃油车年度的直接能源消耗量

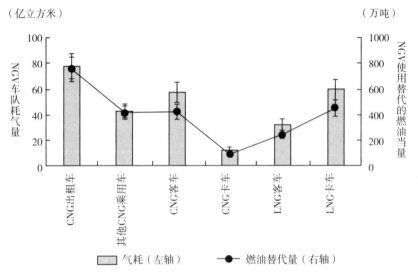

图 5-5　2015 年 NGV 消耗的天然气和替代的油品

用替代了总计约 1115.2 万吨汽油和 1192.9 万吨柴油，即约 2375.7 万吨油当量。这些替代的汽油和柴油分别占 2015 年作为燃料的汽油和柴油消费总量的 9.7% 和 6.8%[74,95]。因此，NGV 车队的油品替代作用十分明显，具有积极的石油替代效益，有利于减少石油消费，降低石油对外依存度，保障能源安全。

二、中国 NGV 的主要大气污染物减排

计算发现，中国各类型的 NGV 与对应的燃油车相比，单车年度的 HC、CO、NO_x、SO_2 和 PM 等主要大气污染物减排明显（见图 5-6）。CNG 出租车及 CNG 其他乘用车比对应的汽油车年度的大气污染物排放分别减少约 86% 的 HC、56% 的 CO、-22% 的 NO_x、99% 的 SO_2 和 95% 的 PM，其他的 NGV 比对应的柴油车则分别减少约 75%~83% 的 HC、46%~50% 的 CO、40%~47% 的 NO_x、99% 的 SO_2 和 94%~97% 的 PM。由于 NGV 的使用，2015 年汽车车队的主要大气污染物排放显著减少。2015 年，NGV 车队减少的主要大气污染物排放如图 5-7 所示。平均来说，2015 年主要大气污染物排放总计减少约 141.9 万吨，即分别减少 19.2 万吨 HC、99.8 万吨 CO、18.7 万吨 NO_x、0.6 万吨 SO_2 和 3.7 万吨 PM。从各分类 NGV 车队减排贡献来看，CNG 出租车、其他 CNG 乘用车、CNG 客车、CNG 卡车、LNG 客车和 LNG 卡车分别贡献了 41.8 万吨、23.1 万吨、30.4 万吨、1.7 万吨、17.3 万吨和 27.5 万吨的主要大气污染物减排，其占比分别为 29.5%、16.3%、21.4%、1.2%、12.2% 和 19.4%，即 CNG 出租车和 CNG 客车减排贡献最大。而且分析发现，2015 年 NGV 车队的主要大气污染物减排总量大约占 2015 年汽车车队主要大气污染物排放总量的 5%[28]，NGV 减排作用显著，

未来发展 NGV 实现主要大气污染物减排的潜力巨大。

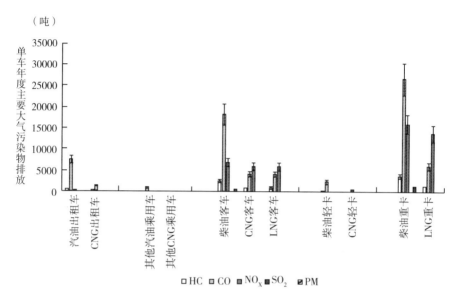

图 5-6 中国 NGV 及对应的燃油车年度主要大气污染物排放对比

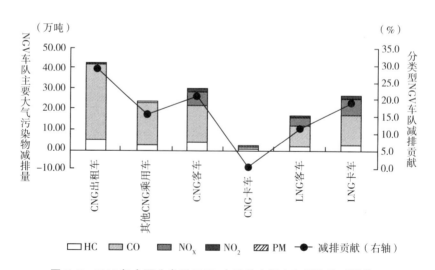

图 5-7 2015 年中国分类型 NGV 车队的主要大气污染物减排效果

三、中国 NGV 的全生命周期能耗

中国 NGV 及对应的燃油车单车的全生命周期能源消耗如图 5-8 所示。在单位百公里全生命周期能源消耗方面，NGV 与对应燃油车相比，除 CNG 出租车及其他乘用车比对应的汽油车单车的全生命周期能耗低约 16%，其他类型的 NGV 比对应的柴油车单车的全生命周期能耗高 8%~10%。可见，总体上 NGV 的全生命周期能耗与燃油车相比略高。

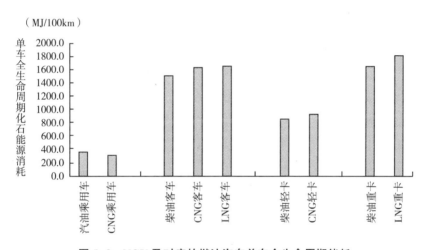

图 5-8　NGV 及对应的燃油汽车单车全生命周期能耗

从消耗的化石能源组成来看，NGV 及对应的燃油车最大部分的全生命周期能耗分别是 NG 和石油，占比分别为 92.7% 和 89.6%（见图 5-9）。其次都是煤炭。图 5-10 显示的是中国 NGV 及对应的燃油汽车分生命周期阶段的全生命周期能源消耗。结果显示，最大部分的能耗发生在燃料使用阶段，所占比例超过 77%；其次是

原料开采与燃料生产阶段，分别约为 10% 和 7%。

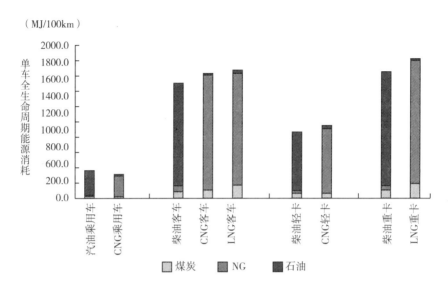

图 5-9 NGV 及对应的燃油车分化石能源组成的全生命周期能耗

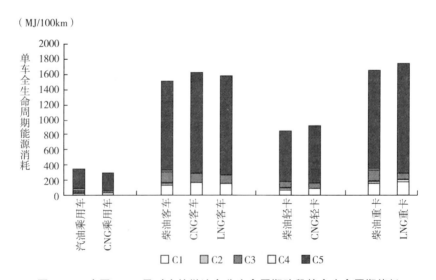

图 5-10 中国 NGV 及对应的燃油车分生命周期阶段的全生命周期能耗

注：生命周期阶段分为五个阶段：C1 是原料开采、C2 是原料运输、C3 是燃料生产、C4 是燃料运输、C5 是燃料使用。

四、中国 NGV 的全生命周期 GHG 减排

计算的中国 NGV 及对应的燃油车单车的全生命周期 GHG 排放如图 5-11 所示。结果显示，NGV 的全生命周期 GHG 排放明显低于对应的燃油车。以 CNG 出租车为例，CNG 出租车及对应的汽油车单车的单位里程全生命周期 GHG 排放分别为 18.2kg $CO_{2,e}$ GHG 和 25.6kg $CO_{2,e}$ GHG，即 CNG 出租车比对应的汽油车单车的单位里程全生命周期 GHG 排放减少约 29%。相应地，其他类型的 NGV 比对应的柴油车单车的单位里程全生命周期 GHG 排放减少 11%~13%。这也充分说明，从全生命周期角度看，与对应的燃油汽车相比，NGV 的 GHG 减排效果是十分显著的。

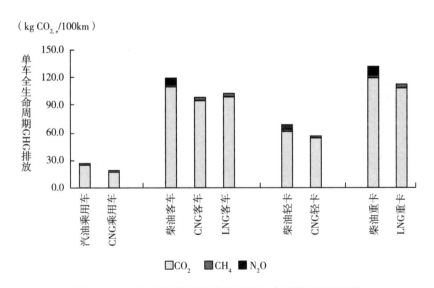

图 5-11　NGV 及对应燃油车单车全生命周期 GHG 排放

图 5-12 阐述的是中国 NGV 及对应的燃油车分生命周期阶段的全生命周期 GHG 排放。结果显示，最大部分的 GHG 排放同样是发生在燃料使用阶段，所占比例超过 76%。其次是原料开采与燃料生产阶段，分别约为 10% 和 12%。

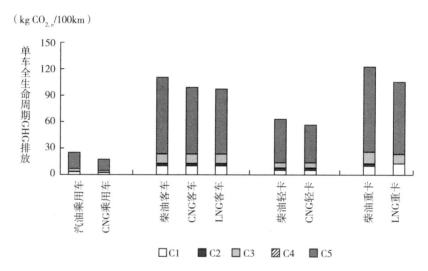

（kg $CO_{2,e}$/100km）

图 5-12　中国 NGV 及对应的燃油车分生命周期阶段的全生命周期 GHG 排放

注：生命周期阶段分为五个阶段：C1 是原料开采、C2 是原料运输、C3 是燃料生产、C4 是燃料运输、C5 是燃料使用。

2015 年中国 NGV 的 GHG 减排情况如图 5-13 所示。结果显示，2015 年中国 NGV 总计减排 GHG 1686.6 万吨 $CO_{2,e}$，占汽车总 GHG 排放的比例仅约 2%[6,96]，这表示未来发展 NGV 具有减排 GHG 的巨大潜力。由于各类型 NGV 在 GHG 减排作用、保有量等方面的差异，2015 年各类型 NGV 的 GHG 减排贡献差异显著，占比从 2.3% 到 48.8% 不等。其中，CNG 出租车及其他 CNG 乘用车是 GHG 减排贡献最大的 NGV，分别减排 GHG 822.3 万吨 $CO_{2,e}$ 和 454.3 万吨 $CO_{2,e}$，占比分别为 48.8% 和 26.9%。

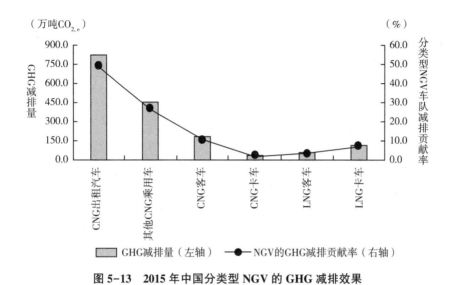

图 5-13　2015 年中国分类型 NGV 的 GHG 减排效果

五、提高中国 NGV 的石油替代、大气污染物与 GHG 减排作用

鉴于 NGV 显著的石油替代和减排作用，促进 NGV 的发展，提高汽车中 NGV 的份额将有利于中国能源安全的保障、大气污染的治理和气候变化的应对。随着国家的日趋重视，如 2017 年提出治理京津冀地区的重型柴油车污染[97]，NGV 发展前景光明。基于对未来的判断[66,68,75]，2020 年和 2030 年，中国 NGV 估算的保有量分别为 800 万辆和 1400 万辆。估算的中国 NGV 未来的石油替代效益、大气污染物与 GHG 减排效益如图 5-14 至图 5-16 所示。

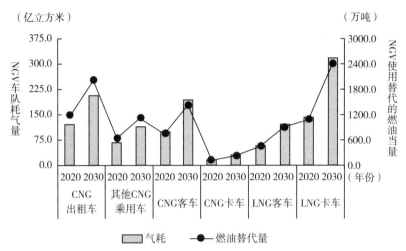

图 5-14　2020 年和 2030 年中国 NGV 消耗的天然气和替代的油品

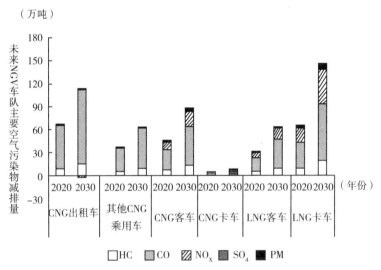

图 5-15　2020 年和 2030 年中国分类型 NGV 的主要大气污染物减排作用

预计到 2020 年和 2030 年，中国 NGV 车队将分别消耗天然气约 511 亿立方米和 991 亿立方米，替代油品约 4245 万吨和 8146 万吨，减排大气污染物约 312 万吨和 560 万吨，减少 GHG 排放约 2796 万吨 $CO_{2,e}$ 和 5049 万吨 $CO_{2,e}$。

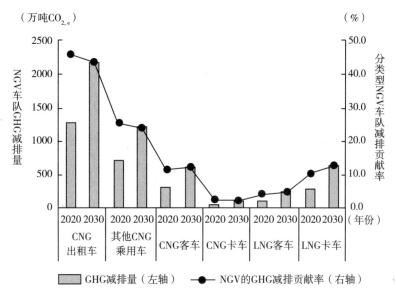

图 5-16 2020 年和 2030 年中国分类型 NGV 的 GHG 减排作用

第五节 本章小结

本章是对中国案例中发展 NGV 能源行动减排效果评估的详细刻画。本章在 Tsinghua-LCA 模型基础上构建了反映实际情况、基于统一计算平台的自下而上的 NGV 能耗、主要大气污染物和 GHG 排放的计算模型,全面、系统地分析了中国 NGV 的直接能耗、全生命周期能耗和 GHG 排放以及直接的主要大气污染物排放,并评估了中国 NGV 车队替代传统燃油汽车车队产生的石油替代效益、GHG 减排效益和主要大气污染物减排效益。

第六章 研究总结与主要结论

第一节 研究总结

高碳、高污染化石能源的大规模使用造成大量 GHG 和大气污染物的排放，产生了日益严重的气候变化和大气污染（特别是雾霾灾害）等问题。气候变化与大气污染同根同源，都是源自能源系统，在应对中应把能源的合理开发利用作为突破点，进行协同治理。推动能源的转型和变革，既是保障经济、社会可持续发展的现实需要，也是协同应对气候变化和大气污染的战略选择。本书在归纳分析中国的能源消费特点、能源相关 GHG 和主要大气污染物排放特点的基础上，针对性地建立了基于多重维度与多重视角的、可实操的、可测度的分析框架和评估方法，测度中国应对气候变化和大气污染能源行动的减排效果，并提升到国际视角，为和中国类似的其他国家提供决策参考。归纳起来，本书的主要内容包括以下几个方面：

一、归纳分析中国的能源消费特点、能源相关 GHG 和主要大气污染物排放特点

系统地分析了作为发展中国家典型代表的中国的一次能源消费特点，特别是能源消费结构的特点。在此基础上，还分析了中国能源相关的 GHG 和主要大气污染物排放的特点，为中国实施减排 GHG 和大气污染物的能源行动的设计提供了基础依据。

二、构建评估大气污染物和 GHG 减排能源行动实施效果的分析框架和计算方法

在审视中国能源消费特点、能源相关的 GHG 和大气污染物排放特点等基础上构建了简单、实用的评估减排大气污染物和 GHG 能源行动实施效果的分析框架。在构建的分析框架的基础上，综合自下而上的方法、排放因子方法和有无对比法等方法，构建了量化测度实施应对气候变化和大气污染能源行动的减排效益的评估方法。

三、分析中国案例经验及指出对他国的借鉴

利用建立的分析框架和构建的评估方法对中国案例进行分析，包括针对中国的特点提出可能适用的协同应对气候变化和大气污染的能源行动、评估中国实施这些能源行动可能带来的 GHG 和大气污染物减排效果、进行效果分析为中国制定合适的能源行动提供参

考等。之后提升到国际视角，根据中国案例经验指出了本书对与中国类似的其他国家的借鉴，包括针对各自国家国情建立合适的分析框架和评估方法、应用建立的分析框架和评估方法测度应对气候变化和大气污染能源行动的减排效果、在效果分析的基础上确定关键的能源行动等。

四、以中国案例中发展 NGV 的能源行动为实例进行深入分析

在 Tsinghua-LCA 模型基础上构建了反映实际情况、基于统一计算平台的自下而上的中国 NGV 能耗、主要大气污染物和 GHG 排放的计算模型，全面、系统地分析了中国 NGV 的直接能耗、全生命周期能耗和 GHG 排放以及直接的主要大气污染物排放，并评估了中国 NGV 车队替代传统燃油汽车车队产生的石油替代效益、GHG 减排效益和主要大气污染物减排效益。

综上所述，本书致力于构建合理的分析框架和评估方法探究中国应对气候变化和大气污染能源行动的减排效果，并提升到国际视角，为所有和中国类似的国家制定并实施合适的能源行动以协同应对气候变化和大气污染提供决策参考。

本书的创新之处主要体现在：

（1）从能源特别是能源结构的视角探讨合适的行动以协同应对气候变化和大气污染。基于气候变化与大气污染同根同源的特点，在应对中从能源特别是能源结构的角度制定并实施合适的行动进行协同治理以实现减排效果的最大化。

（2）建立简单、实用的量化评估应对气候变化和大气污染能源行动实施效果的分析思路框架和计算方法。在审视中国能源消费特点、能源相关的 GHG 和大气污染物排放特点等基础上，构建基于多重维度与多重视角的、可实操的、可测度的分析思路框架和评估方法，测度大气污染物和 GHG 减排能源行动实施效果。

（3）从全生命周期角度全面系统分析实施加快发展 NGV 能源行动的能耗与排放情况。在 Tsinghua-LCA 模型基础上构建反映实际情况、基于统一计算平台的自下而上的中国 NGV 能耗和 GHG 排放等的计算模型，结合实时燃料消耗率数据、国家（省份）层面的实际保有量数据和符合中国实际的基于 Tsinghua-LCA 模型的清单数据，全面系统地分析中国 NGV 的直接能耗、全生命周期能耗和 GHG 排放等。

（4）提升到国际视角，为所有和中国类似的国家提供决策参考。根据中国案例经验指出对所有和中国类似的国家进行下一步行动的思路梳理、行动制定与实施的借鉴。

第二节　主要结论

本书的主要结论概括起来有以下三个方面：

一、针对中国提出的能源行动产生巨大的 GHG 和主要大气污染物减排效益

本书以中国为案例，利用构建的分析思路框架和计算方法进行综合与系统的分析，中国提出的能源行动所产生的 GHG 和主要大气污染物减排效益是巨大的。构建的分析思路框架和评估方法能够有效地测度特定能源行动的实施效果，有助于为中国应对气候变化与大气污染开展下一步行动制定相关政策，也有助于和中国类似的其他国家协同应对气候变化与大气污染行动制定与实施决策。

二、促进 NGV 发展的能源行动具有显著的 GHG 和主要大气污染物减排效果

对促进 NGV 发展的能源行动进行深入分析发现，促进 NGV 发展的能源行动能够产生的石油替代、GHG 减排和主要大气污染物减排效果十分显著。中国应该积极实施这一能源行动，有助于中国保障能源安全以及实现 GHG 和主要大气污染物减排任务。此外，为保障能源行动的实施效果，还应该制定和出台相应的辅助政策。

第三节　研究展望

本书比较深入地探讨了中国应对大气污染和气候变化的能源行动的减排效益评估方面的一系列关键问题，并取得了具有一定理论和实践意义的研究成果。但是，鉴于应对气候变化与大气污染能源行动的制定与实施问题本身的高度复杂性以及研究能力和精力等的限制，本书可能仅探讨了最关键问题的一些方面，还有进一步深入研究的空间，概括起来主要有以下两个方面：

一、丰富、完善当前构建的分析框架和评估方法及中国案例的分析

一方面是当前的研究中未重点关注可再生能源利用方面的能源行动所产生的 GHG 和主要大气污染物的减排作用，未来研究可在这方面多做些工作；另一方面是当前的研究重点关注的是国家层面能源行动的大气污染物和 GHG 减排效益，未来研究也可以重点关注省份或城市层面能源行动的大气污染物和 GHG 减排贡献。

二、对发展 NGV 能源行动进行深入分析

对于发展 NGV 能源行动的减排效果分析，未来研究可在更加深入刻画 NGV 方面多做些工作，如考虑更全面的各种维度类型

NGV 的实时燃料消耗率数据、国家与省份（甚至城市）层面的实际保有量数据等；也可在全生命周期方面考虑加入分析车辆寿命周期的影响，即 NGV 全生命周期包括车用燃料周期和车辆周期两个部分；还可加入考虑不同气源对燃料供给链全生命周期分析的影响，即气源分常规天然气和非常规天然气。

参考文献

［1］ International Energy Agency（IEA）. World Energy Balances 2017［R］. Paris, France：IEA, 2017.

［2］ British Petroleum（BP）. BP Statistical Review of World Energy 2017［R］. London, UK：BP, 2017.

［3］ IEA. Key World Energy Statistics［R］. Paris, France：IEA, 2017.

［4］ Intergovernmental Panel on Climate Change（IPCC）. Climate Change 2014：Synthesis Report［R］. Geneva, Switzerland：IPCC, 2014.

［5］ IEA. CO_2 Emissions from Fuel Combustion 2017［R］. Paris, France：IEA, 2017.

［6］ U. S. Energy Information Administration（EIA）, Department of Energy（DOE）. International Energy Outlook 2016［R］. Washington, DC, USA：DOE/EIA, 2016.

［7］ European Environment Agency（EEA）. The European Environment—State and Outlook 2015：European Briefings—Air Pollution

［R］. Copenhagen，Denmark：EEA，2016.

［8］国际能源署（IEA）. 能源与空气污染——世界能源展望特别报告［M］. 国网能源研究院译. 北京：机械工业出版社，2017.

［9］ United Nations（UN）. Sustainable Development Goals—17 Goals to Transform Our World［EB/OL］. http：//www. un. org/sustainabledevelopment，2017-09-27.

［10］ Lundgren K.，Kjellstrom T. Sustainability Challenges from Climate Change and Air Conditioning Use in Urban Areas［J］. Sustainability，2013，5：3116-3128.

［11］ Beg N.，Morlot J. C.，Davidson O.，et al. Linkages between Climate Change and Sustainable Development［J］. Climate Policy，2002，2：129-144.

［12］ World Health Organization（WHO）. Ambient Air Pollution：A Global Assessment of Exposure and Burden of Disease［R］. Geneva，Switzerland：WHO，2016.

［13］ Helfand W. H.，Lazarus J.，Theerman P. Donora，Pennsylvania：An Environmental Ddisaster of the 20th Century［J］. American Journal of Public Health，2001，91（4）：553.

［14］ Rodriguez Y. R. Great Smog of London. In Encyclopedia of Toxicology（Third Edition）［M］. Amsterdam，Netherlands：Elsevier，2014：796-797.

［15］ Gao M.，Guttikunda S. K.，Carmichael G. R.，et al.

Health Impacts and Economic Losses Assessment of the 2013 Severe Haze Event in Beijing Area [J]. Science of the Total Environment, 2015, 511: 553-561.

[16] UN. Paris Agreement [EB/OL]. http: //unfccc. int/paris_agreement/items/9485. php, 2017-09-27.

[17] UN. Transforming Our World: The 2030 Agenda for Sustainable Development [EB/OL]. http: //sustainabledevelopment. un. org/post2015/transformingourworld, 2017-09-27.

[18] IEA. World Energy Outlook Special Report 2015 — Energy and Climate Change [R]. IEA: Paris, 2015.

[19] West J. J., Smith S. J., Silva R. A., et al. Co-benefits of Mitigating Global Greenhouse Gas Emissions for Future Air Quality and Human Health [J]. Nature Climate Change, 2013, 3: 885-889.

[20] Von Schneidemesser E., Monks P. S. Air Quality and Climate—Synergies and Trade-offs [J]. Environmental Science: Processes & Impacts, 2013, 15: 1315-1325.

[21] Bollen J., Brink C. Air Pollution Policy in Europe: Quantifying the Interaction with Greenhouse Gases and Climate Change Policies [J]. Energy Economics, 2014, 46: 202-215.

[22] Apsimon H., Amann M., Åström S., et al. Synergies in Addressing Air Quality and Climate Change [J]. Climate Policy, 2009, 9: 669-680.

[23] Zeng A., Mao X., Hu T., et al. Regional Co-control Plan

for Local Air Pollutants and CO_2 Reduction Method and Practice ［J］. Journal of Cleaner Production, 2017, 140: 1226-1235.

［24］ Maione M., Fowler D., Monks P. S., et al. Air Quality and Climate Change: Designing New Win-win Policies for Europe ［J］. Environmental Science & Policy, 2016, 65: 48-57.

［25］ He K., Lei Y., Pan X., et al. Co-benefits from Energy Policies in China ［J］. Energy, 2010, 35: 4265-4272.

［26］ 谢元博, 李巍. 基于能源消费情景模拟的北京市主要大气污染物和温室气体协同减排研究 ［J］. 环境科学, 2013, 34 (5): 2057-2064.

［27］ Hanaoka T., Akashi O., Fujiwara K., et al. Potential for Reducing Air‐pollutants while Achieving 2° C Global Temperature Change Limit Target ［J］. Environmental Pollution, 2014, 195: 336-343.

［28］ International Monetary Fund (IMF). World Economic Outlook: Recovery Strengthens, Remains Uneven ［R］. Washington, DC, USA: IMF, 2014.

［29］ 国家统计局. 中国统计年鉴 2016 ［M］. 北京: 中国统计出版社, 2017.

［30］ Enerdata. Global Energy Statistical Yearbook 2017 ［EB/OL］. https: //www. enerdata. net/publications/world-energy-statistics-supply-and-demand. html, 2017-09-27.

［31］ WHO. WHO Air Quality Guidelines for Particulate Matter,

Ozone, Nitrogen Dioxide and Sulfur Dioxide [R]. Geneva, Switzerland: WHO, 2006.

[32] Cofala J., Bertok I., Borken-Kleefeld J., et al. Implications of Energy Trajectories from the World Energy Outlook 2015 for India's Air Pollution [R]. Paris, France: IEA, 2015.

[33] IEA. World Energy Outlook Special Briefng for COP21 [R]. Paris, France: IEA, 2015.

[34] Akhmat G., Zaman K., Shukui T., et al. The Challenges of Reducing Greenhouse Gas Emissions and Air Pollution through Energy Sources: Evidence from a Panel of Developed Countries [J]. Environmental Science & Pollution Research, 2014, 21: 7425-7435.

[35] Rafaj P., Amann M., Siri J., et al. Changes in European Greenhouse Gas and Air Pollutant Emissions 1960-2010: Decomposition of Determining Factors [J]. Climatic Change, 2014, 124: 477-504.

[36] Menegaki A. N., Tsagarakis K. P. Rich Enough to Go Renewable, but too Early to Leave Fossil Energy? [J]. Renewable & Sustainable Energy Reviews, 2015, 41: 1465-1477.

[37] "中国煤炭消费总量控制和政策研究"课题组. 中国"十三五"煤炭消费总量控制规划研究报告 (2016—2020) [R]. 北京: 自然资源保护委员会, 2016.

[38] Li H. C., Yang S. Y., Zhang J., et al. Coal-based Synthetic Natural Gas (SNG) for Municipal Heating in China: Analysis of

Haze Pollutants and Greenhouse Gases（GHGs）Emissions［J］. Journal of Cleaner Production，2016，112：1350-1359.

［39］ IEA. Energy，Climate Change and Environment：2014 Insights［R］. Paris，France：IEA，2014.

［40］ 胡秀莲. 中国 2012 年能流图和煤流图编制及能源系统效率研究［R］. 北京：世界自然基金会和自然资源保护委员会，2014.

［41］ IEA. Partner Country Series—Emissions Reduction through Upgrade of Coal-Fired Power Plants［R］. Paris，France：IEA，2014.

［42］ 中国电器工业协会工业锅炉分会. 行业观察：燃煤小锅炉彻底淘汰，热服务环保企业有商机［J］. 工业锅炉通讯，2015（1）：46-47.

［43］ 赵奕奕，赵颖新，张万路等. 燃煤工业锅炉容量对燃烧效果的影响研究［J］. 中国计量，2015（5）：47-48.

［44］ Zhao G.，Chen S. Greenhouse Gas Emissions Reduction in China by Cleaner Coal Technology towards 2020［J］. Energy Strategy Reviews，2015，7：63-70.

［45］ Zhai R.，Liu H.，Li C.，et al. Analysis of a Solar-aided Coal-fired Power Generation System based on Thermo-economic Structural Theory［J］. Energy，2016，102：375-387.

［46］ Xie W.，Sheng P.，Guo X. Coal，Oil，or Clean Energy：Which Contributes Most to the Low Energy Efficiency in China?［J］. Utilities Policy，2015，35：67-71.

［47］Wang K., Wang S., Liu L., et al. Environmental Co-benefits of Energy Efficiency Improvement in Coal-fired Power Sector: A Case Study of Henan Province, China［J］. Applied Energy, 2016, 184: 810-819.

［48］Office of Fossil Energy and National Energy Technology Laboratory（NETL）, Department of Energy（DOE）. Modern Shale Gas Development in the United States: A Primer［R］. Washington, DC, USA: DOE, 2009.

［49］胡朝元, 陈孟晋, 邓攀. 环境保护与中国天然气发展战略［M］. 北京: 石油工业出版社, 2004.

［50］Jin H., Lior N., Zhang X. Energy and Its Sustainable Development for China: Editorial Introduction and Commentary for the Special Issue of Energy—The International Journal［J］. Energy, 2010, 35: 4246-4256.

［51］Wang T., Lin B. Impacts of Unconventional Gas Development on China's Natural Gas Production and Import［J］. Renewable & Sustainable Energy Reviews, 2014, 39: 546-554.

［52］Aguilera R. F. The Role of Natural Gas in a Low Carbon Asia Pacific［J］. Applied Energy, 2014, 113: 1795-1800.

［53］Melikoglu M. Shale Gas: Analysis of Its Role in the Global Energy Market［J］. Renewable & Sustainable Energy Reviews, 2014, 37: 460-468.

［54］IEA. World Energy Outlook 2011 Special Report: Are We

Entering a Golden Age of Gas？［R］. Paris, France：IEA, 2011.

［55］国家环境保护部 . 2016 年中国机动车污染防治年报［R］. 2017.

［56］Shen W., Han W., Chock D., et al. Well-to-wheels Life-cycle Analysis of Alternative Fuels and Vehicle Technologies in China［J］. Energy Policy, 2012, 49：296-307.

［57］Ou X., Zhang X., Zhang X., et al. Life Cycle GHG of NG-based Fuel and Electric Vehicle in China［J］. Energies, 2013, 6：2644-2662.

［58］Wang X., Hao X., Jin L. Study on Rural Household Energy Consumption in China Based on Household Investigation from Typical Counties［J］. Transactions of the Chinese Society of Agricultural Engineering, 2014, 30：206-212.

［59］彭立群 . 基于调查的中国农村民用燃料消费建模及污染物排放评估［D］. 清华大学学位论文, 2016.

［60］柴发合, 薛志钢, 支国瑞等 . 农村居民散煤燃烧污染综合治理对策［J］. 环境保护, 2016, 44：15-19.

［61］中国电力企业联合会 . 中国电力行业年度发展报告 2017［M］. 北京：中国市场出版社, 2017.

［62］国网能源研究院 . 中国节能节电分析报告 2016［M］. 北京：中国电力出版社, 2016.

［63］国家能源局 . 煤炭清洁高效利用行动计划（2015—2020 年）［EB/OL］. http：//zfxxgk. nea. gov. cn/auto85/201505/t20150505_

1917. htm，2015-04-27/2017-09-27.

［64］王人洁．电动车和天然气车能源环境影响的燃料生命周期评价研究［D］．清华大学博士学位论文，2015.

［65］Ye B., Jiang J., Miao L., et al. Sustainable Energy Options for a Low Carbon Demonstration City Project in Shenzhen, China［J］. Journal of Renewable and Sustainable Energy，2015，7（2）：1-17.

［66］国家发展改革委．天然气发展"十三五"规划［EB/OL］．http：//www. ndrc. gov. cn/zcfb/zcfbghwb/201701/t20170119_835567. html，2016-12-24/2017-09-27.

［67］国家发展改革委，财政部，环保部等．关于印发《加快成品油质量升级工作方案》的通知［EB/OL］．http：//www. ndrc. gov. cn/gzdt/201505/t20150507_ 691028. html，2015-05-05/2017-09-27.

［68］中国汽车技术研究中心（CATARC）．中国天然气汽车产业发展报告［R］．2017.

［69］国家发展改革委，国家能源局，工业和信息化部等．电动汽车充电基础设施发展指南（2015—2020年）［EB/OL］．http：//www. ndrc. gov. cn/zcfb/zcfbtz/201511/t20151117_758762. html，2015-05-05/2017-09-27.

［70］王庆一．2016能源数据［R］．北京：能源基金会，2017.

［71］清华大学建筑节能研究中心．中国建筑节能年度发展研究报告2017［M］．北京：中国建筑工业出版社，2017.

［72］赵长红，张浩楠，张兴平等．集中式天然气发电项目经

济性研究［J］. 国际石油经济, 2016, 24：57-63.

［73］Hao H., Liu Z., Zhao F., et al. Natural Gas as Vehicle Fuel in China：A Review［J］. Renewable & Sustainable Energy Reviews, 2016, 62：521-533.

［74］中国石油天然气集团公司（CNPC）经济技术研究院. 新能源汽车与天然气汽车发展战略研究［R］. 2016.

［75］李永昌. 中国天然气汽车最新资讯和热点问题剖析［C］. 北京：2017 国际天然气车船创新发展研讨会, 2017.

［76］NGV Global. Current Natural Gas Vehicle Statistics［EB/OL］. http：//www. iangv. org/current-ngv-stats, 2017-09-27.

［77］Kliucininkas L., Matulevicius J., Martuzevicius D. The Life Cycle Assessment of Alternative Fuel Chains for Urban Buses and Trolleybuses［J］. Journal of Environmental Management, 2012, 99：98-103.

［78］Shahraeeni M., Ahmed A., Malek K., et al. Life Cycle Emissions and Cost of Transportation Systems：Case Study on Diesel and Natural Gas for Light Duty Trucks in Municipal Fleet Operations［J］. Journal of Natural Gas Science & Engineering, 2015, 24：26-34.

［79］Curran S. C., Wagner R. M., Graves R. L., et al. Well-to-wheel Analysis of Direct and Indirect Use of Natural Gas in Passenger Vehicles［J］. Energy, 2014, 75：194-203.

［80］Xu Y., Gbologah F. E., Lee D. Y., et al. Assessment of Alternative Fuel and Powertrain Transit Bus Options Using Real-world

Operations Data: Life-cycle Fuel and Emissions Modeling [J]. Applied Energy, 2015, 154: 143-159.

[81] 姚寿福, 刘泽仁, 袁春梅等. 四川天然气汽车产业发展综合效益评价研究 [J]. 西华大学学报 (自然科学版), 2009, 28 (6): 74-79.

[82] Zang S., Wu Y., Liu H., et al. Real-world Fuel Consumption and CO_2 Emissions of Urban Public Buses in Beijing [J]. Applied Energy, 2011 (13): 1645-1655.

[83] Xing Y., Song H., Yu M., et al. The Characteristics of Greenhouse Gas Emissions from Heavy-duty Trucks in the Beijing-Tianjin-Hebei (BTH) Region in China [J]. Atmosphere, 2016, 7 (9): 121.

[84] Ou X., Zhang X. Life-Cycle Analyses of Energy Consumption and GHG Emissions of Natural Gas-based Alternative Vehicle Fuels in China [J]. Journal of Energy, 2013: 1-8.

[85] Ou X., Zhang X., Chang S. Alternative Fuel Buses Currently in Use in China: Life-cycle Fossil Energy Use, GHG Emissions and Policy Recommendations [J]. Energ Policy, 2010, 38 (1): 406-418.

[86] Intergovernmental Panel on Climate Change (IPCC). IPCC Forth Assessment Report: Climate Change 2007 [M]. Oxford Publisher: Oxford, UK, 2007.

[87] 王霞, 朱宪良. 浅谈清洁燃料 LNG 替代传统汽车燃料柴油的优越性 [J]. 资源节约与环保, 2011 (6): 59-60.

［88］方景瑞．新能源汽车能源及环境效益的分析研究与评价［D］．吉林大学硕士学位论文，2009.

［89］Zhang C., Xie Y., Wang F., et al. Emission Comparison of Light-duty in-use Flexible-fuel Vehicles Fuelled with Gasoline and Compressed Natural Gas Based on the ECE 15 Driving Cycle［J］. Proceedings of the Institution of Mechanical Engineers, Part D: Journal of Automobile Engineering, 2011, 225（1）: 90-98.

［90］Ou X., Zhang X., Chang S. Scenario Analysis on Alternative Fuel/vehicle for China's Future Road Transport: Life-cycle Energy Demand and GHG Emissions［J］. Energy Policy, 2010, 38（8）: 3943-3956.

［91］Ou X., Yan X., Zhang X., et al. Life-cycle Analysis on Energy Consumption and GHG Emission Intensities of Alternative Vehicle Fuels in China［J］. Applied Energy, 2012, 90（1）: 218-224.

［92］Huo H., Wang M., Zhang X. L., et al. Projection of Energy Use and Greenhouse Gas Emissions by Motor Vehicles in China: Policy Options and Impacts［J］. Energ Policy, 2012, 43（3）: 37-48.

［93］国家能源局能源统计司．中国能源统计年鉴2016［M］.北京：中国统计出版社，2017.

［94］CNPC 经济技术研究院．2016 年国内外油气行业发展报告［R］. 2017.

［95］CNPC 经济技术研究院．替代能源对油品市场的影响［R］. 2016.

［96］ Boden T. A., Marland G., Andres R. J. Global, Regional, and National Fossil-fuel CO_2 Emissions ［R］. Oak Ridge, TN, U. S. A： Carbon Dioxide Information Analysis Center, Oak Ridge National Laboratory, U. S. Department of Energy, 2016.

［97］ 国家环境保护部，发展改革委，财政部等. 京津冀及周边地区 2017 年大气污染防治工作方案 ［EB/OL］. http：//dqhj. mep. gov. cn/dtxx/201703/t20170323_408663. shtml，2017-02-17/ 2017-09-27.

附 录

附表 A 能源行动 1 的 GHG 和大气污染物减排效果计算关键参数

年份	EC_{1t0} (10^8 tce)	EC_{1tn} (10^8 tce)	EF_{1t0} (kg/tce)			
			SO_2	NO_x	$PM_{2.5}$	CO_2
2006	8.09	8.06	18.86	10.52	1.75	2990.20
2007	9.25	8.96	18.86	10.52	1.75	2990.20
2008	9.61	9.03	18.86	10.52	1.75	2990.20
2009	10.33	9.64	18.86	10.52	1.75	2990.20
2010	11.72	10.66	18.86	10.52	1.75	2990.20
2011	13.38	12.01	18.86	10.52	1.75	2990.20
2012	13.46	11.97	18.86	10.52	1.75	2990.20
2013	14.48	12.75	18.86	10.52	1.75	2990.20
2014	14.76	12.91	18.86	10.52	1.75	2990.20
2015	14.36	12.43	18.86	10.52	1.75	2990.20

附表 B　能源行动 2~7 的 GHG 和大气污染物减排效果计算关键参数

行动类型	EC_{Oi} (10^8 tce)			EC_{Ai} (10^8 tce)			EF_{Oi} (kg/tce)				EF_{Ai} (kg/tce)				参考文献
	2016年	2020年	2030年	2016年	2020年	2030年	SO_2	NO_x	$PM_{2.5}$	CO_2	SO_2	NO_x	$PM_{2.5}$	CO_2	
行动 2	5.14	4.02	3.06	4.89	3.69	2.75	11.50	6.65	1.35	2934.05	11.50	6.65	1.35	2934.05	[63, 64]
行动 3	4.23	5.25	6.12	4.23	5.25	6.12	0.35	N/A	N/A	N/A	0.1	N/A	N/A	N/A	[65]
行动 4	1.76	2.57	4.12	1.24	1.81	2.91	8.21	4.75	0.96	2095.80	0.1	0.48	0.1	1257.48	[66, 67]
行动 5	0.54	0.80	1.26	0.59	0.86	1.37	0.26	27.85	0.21	2750.12	0.16	16.71	0.13	1650.07	[68]
行动 6	0.85	1.43	2.23	0.47	0.79	1.23	0.26	27.85	0.21	2750.12	0.13	13.93	0.11	1375.06	[68, 69]
行动 7	2.61	3.02	3.79	1.84	2.13	2.68	15.76	1.1	7.22	2188.25	8.67	0.61	3.97	1203.54	[70~72]